现状与前行
中国企业基金会发展图景

DEVELOPMENT PROSPECT OF CHINESE CORPORATE FOUNDATION
STATUS QUO AND WAY FORWARD

王忠平　李颖丹　主编

企业管理出版社
ENTERPRISE MANAGEMENT PUBLISHING HOUSE

图书在版编目（CIP）数据

中国企业基金会发展图景：现状与前行 / 王忠平，李颖丹主编. -- 北京：企业管理出版社，2024.9.
ISBN 978-7-5164-3119-1

I. F279.23

中国国家版本馆CIP数据核字第2024EA9944号

书　　名	中国企业基金会发展图景：现状与前行
书　　号	ISBN 978-7-5164-3119-1
作　　者	王忠平　李颖丹　主编
策　　划	侯春霞
责任编辑	侯春霞
出版发行	企业管理出版社
经　　销	新华书店
地　　址	北京市海淀区紫竹院南路17号　　邮编：100048
网　　址	http://www.emph.cn　　　　电子信箱：pingyaohouchunxia@163.com
电　　话	编辑部 18501123296　　　发行部（010）68417763、（010）68414644
印　　刷	北京厚诚则铭印刷科技有限公司
版　　次	2024年9月第1版
印　　次	2024年9月第1次印刷
开　　本	710mm×1000mm　　　1/16
印　　张	14印张
字　　数	186千字
定　　价	88.00元

版权所有　翻印必究·印装有误　负责调换

本书编委会

主　编　王忠平　李颖丹

副主编　刘永莉　张　旭　沈立伟

编　委（排名不分先后，以姓氏拼音为序）

　　　　陈红丽　程　亮　段　然　刘袖瑕　孙苏琼

　　　　田晓莹　熊恋石　张　营　邹欣雨

序

近日，我接到忠平兄的喜讯，在和众泽益伙伴们的努力下，《中国企业基金会发展图景：现状与前行》即将出版。忠平兄希望我为新书作序，令我深感荣幸。

今年年初，这份报告在中国基金会行业数据发布会上发布摘要。自去年忠平兄与我达成编写中国企业基金会发展报告的共识，和众泽益团队经过数月时间，系统梳理了中国企业基金会的发展背景与历程，以基金会中心网的数据为基础，呈现了中国企业基金会发展的现状，总结提炼出发展中的亮点和难题，并给出了具有针对性的发展建议。这是基金会中心网与和众泽益深度合作的一个重要成果，也是基金会中心网进一步用数据服务行业研究、助力行业建设的一个新节点。

2003年党的十六届三中全会提出大力发展和积极引导非公有制经济以来，市场经济蓬勃发展，造就了一大批有实力、有社会责任感的企业；而2004年《基金会管理条例》的颁布实施，为个人、企业、社会组织设立非公募基金会打开了窗口。伴随着鼓励社会力量参与公益慈善事业的一系列政策的实施，越来越多的企业和企业家选择通过设立基金会的方式回报社会、履行责任。以企业基金会为代表的非公募基金会在我国迅速发展，引导大量私有财富进入公益慈善事业，在社会建设中做出了积极的贡献。截至2022年12月31日，全国共有1850家企业基金会，这个数字是十年前的近六倍；在全国基金会中，企业基金会的数量已经占到约 20%。其中，1392 家企业基金会由民营企业发起成立，以 75.2% 的占比遥遥领先于其他类型企业发起的基金会。

  设立企业基金会是企业履行社会责任的一种重要方式，符合政府和社会的期待；同时，基金会这种具有现代意义的组织类型能够把企业公益慈善用现代化、专业化、品牌化的方式予以表达，实现企业美誉度的提升。企业基金会的发展也能够将企业在管理和治理方面的优势注入公益慈善领域。根据中基透明指数 FTI2023 的数据，大型非公募基金会在信息公开方面的整体表现已经超过了大型公募基金会。随着对第三次分配认知的不断深化和共同富裕的加快推进，企业基金会必将在中国式现代化发展道路上有更加亮眼的表现。

  在基金会行业迈向高质量发展阶段之际，通过数据真实地呈现中国基金会行业发展的成果和现状成为一项必然要求。基金会中心网作为一个由国内 35 家知名基金会联合发起的旨在促进基金会更透明有效的平台，目前拥有中国基金会自 2010 年以来的全量数据。我们希望通过这些数据，看到中国基金会发展的情况、趋势和关键问题，并努力推动基金会更加透明和有效。

  过去，基金会中心网不定期发布过《企业基金会发展研究报告》等一些议题报告。2023 年起，我们联合多家行业研究机构和专家，以广泛采集的数据为基础，对行业重点议题进行了更加系统细致的分析，形成了重点议题数据报告，以期引发探讨，为行业长久发展提供更多创新空间。这次与和众泽益合作成果《中国企业基金会发展图景：现状与前行》的出版，为我们夯实基础数据服务，支持行业专题研究，探索一条更专业、更高效的新路径注入了强心剂。

基金会中心网秘书长　吕全斌
2024 年 9 月

自 序

随着经济社会的快速发展以及市场经济主体社会责任意识的不断提高，企业基金会逐渐成为企业参与社会治理、履行社会责任、解决社会问题的重要抓手，在实践中彰显出独特的社会价值。习近平总书记号召企业当好"企业公民"，强调"只有富有爱心的财富才是真正有意义的财富，只有积极承担社会责任的企业才是最有竞争力和生命力的企业""只有真诚回报社会、切实履行社会责任的企业家，才能真正得到社会认可，才是符合时代要求的企业家"。2023年12月29日，十四届全国人大常委会第七次会议表决通过关于修改《中华人民共和国慈善法》的决定。新增第八十五条"国家鼓励、引导、支持有意愿有能力的自然人、法人和非法人组织积极参与慈善事业"；新增第八十八条"自然人、法人和非法人组织设立慈善信托开展慈善活动的，依法享受税收优惠"。这从立法层面明确了国家支持与扶植企业基金会的意愿与态度，为企业基金会的发展注入了强劲动力。

在强有力的外部推动与自动自觉的责任驱动下，众多企业纷纷探索以成立企业基金会的方式，更加系统、高效、长久地开展公益实践，在扶弱济困、疫情防控、乡村振兴、扶老救孤、科教文卫、生态保护、应急救援等方面发挥了积极作用，为全面建设社会主义现代化国家做出了重要贡献。当前，我国已进入新的发展阶段，面对共同富裕这一时代命题，从企业基金会这一第三次分配重要载体的视角出发，探讨如何更广泛地推动企业成立基金会，更尽责地推动企业基金会承担自身使命，更充分地发挥企业基金会在推动公共服务均等化、助力共同富裕实现方面的作用，是一件极具意义与价值的事情。

基于此，我们编写出版《中国企业基金会发展图景：现状与前行》一书，对当前企业基金会的发展现状进行深入分析，希望能对企业基金会的行业发展贡献一份力量。本书分为"总报告""文献篇""实践篇"三个部分，希望从现状、理论和实践层面系统分析目前中国企业基金会的情况。"总报告"以企业基金会的各项数据为基础，通过量化的客观分析，呈现企业基金会的发展动向与趋势，总结企业基金会的发展亮点，剖析企业基金会的发展难题，并对企业基金会的未来发展给出针对性建议。"文献篇"从理论研究入手，梳理国内外企业基金会的研究理论，展示国内外不同的发展脉络，厘清发展模式与特点。"实践篇"则聚焦优秀企业基金会的发展实例，详细介绍各具特色的管理创新与实践创新，为行业伙伴提供更多可供借鉴与讨论的宝贵经验。

和众泽益一直致力于推动企业社会责任和公益事业的发展。我们期待以本书为媒介，链接公益伙伴，聚合公益力量，推动更多的企业基金会向阳而生、向善而行。

编 者

2024 年 5 月 27 日

目 录

总报告 ··· 1

 一、研究界定 ·· 3

 二、中国企业基金会发展背景 ·· 4

 三、中国企业基金会发展阶段 ·· 8

 四、中国企业基金会发展概况 ·· 11

 五、中国企业基金会透明指数 FTI2023 满分名单 ··············· 48

 六、中国企业基金会发展亮点 ·· 50

 七、中国企业基金会发展难题 ·· 53

 八、中国企业基金会发展建议 ·· 60

 参考文献 ·· 68

文献篇 ··· 71

 一、国外企业基金会文献综述 ·· 73

 二、国内企业基金会文献综述 ·· 95

 三、文献评述 ·· 121

实践篇 ··· 125

 一、香江社会救助基金会 ··· 127

 二、万科公益基金会 ··· 131

三、阿里巴巴公益基金会……………………………………… 139

四、上海复星公益基金会……………………………………… 145

五、北京网易公益基金会……………………………………… 149

六、上海来伊份公益基金会…………………………………… 153

七、北京五八公益基金会……………………………………… 164

八、山西省娴院慈善基金会…………………………………… 171

九、北京泰康溢彩公益基金会………………………………… 176

十、北京陈江和公益基金会…………………………………… 181

十一、北京星巴克公益基金会………………………………… 186

十二、龙湖公益基金会………………………………………… 195

十三、蒙牛公益基金会………………………………………… 206

后记……………………………………………………………… 212

总报告

一、研究界定

（一）企业基金会的概念

2004年施行的《基金会管理条例》第二条规定："本条例所称基金会，是指利用自然人、法人或者其他组织捐赠的财产，以从事公益事业为目的，按照本条例的规定成立的非营利性法人。"

我国有研究者将企业基金会定义为，由企业家或企业发起并捐资设立，且捐资金额超过基金会原始资金50%的非营利慈善组织（刘忠祥，2014）。Roza、Bethmann和Meijs（2020）等多位学者对企业基金会做出以下界定：由营利性实体设立、资助和管理的，以公益为目的的独立法人实体，没有任何直接的商业利益。首先，企业基金会是一个独立的法律实体。在一些国家，基金会是一种特定的法律形式；而在另一些国家，基金会的认定可能取决于活动的税收情况，对于那些符合特定税收规定的基金会，可能会更容易获得官方的认定或注册。尽管存在法律差异，但企业基金会必须在法律上与母公司有所区别。其次，企业基金会以公益为目的。在企业周围，可能存在着不同类型的基金会，例如养老基金会、利益相关者基金会、以私人目的成立的信托基金会等。对于企业基金会而言，其宗旨必须是为广大公众谋福利。企业基金会的活动可能与母公司的核心业务有一定的联系，但不应给公司带来直接的商业利益。企业基金会的存在主要是为了实现更长期和广泛的社会责任，提高社会声誉，这超越了利润的范畴。最后，企业基金会是由营利性实体设立、资助和控制的非营利组织，即使不是完全由营利性实体控制，也在很大程度上受营利性实体影响，这也许是企业基金会与其他类型基金会最重要的区别。基金会中心网对企业基金会的认定方式包括：尽管在法律上是独立于发起企业的法人，但发起企业通常对企业基金会的资金、治理、日常运作等层面提供不同程度的支持，企业基金会的原始资金和捐赠收入大部分来自企业集团；在业务层面，企业基金会将企业员工、企业客户和企业所在地周边社群的需求纳入项目活动；企业基金会以企业或企业创始人的名称冠名。

本研究将企业基金会定义为：由营利性实体整合利益相关方需求及相关资源而设立，资金主要来自发起方，以从事公益事业为目的，与发起实体没有任何直接商业利益联系的独立法人实体。

（二）报告数据说明

本报告中使用的所有关于企业基金会及全国基金会的数据皆来自基金会中心网。由于对企业基金会年报的发布时间没有具体要求，其发布时间有早有晚，再加上收集后需要开展录入、复核，以及针对错误数据查找审计报告进行对比等工作，因此关于企业基金会的行业年度数据往往会存在一定的滞后性。

基于以上情况，特对本报告中使用的数据进行以下说明：发展概况中"基本情况"部分，除了企业基金会运作类型和评级情况分析之外，采用的都是截至2022年12月31日的数据；在"财务情况"部分，企业基金会原始注册资金分析采用的是截至2022年12月31日的数据；"信息公开"部分采用的也是截至2022年12月31日的数据。除此以外的其他数据皆来自企业基金会2021年年报，截止时间为2021年12月31日。

二、中国企业基金会发展背景

（一）企业基金会的发展依托于党和政府的大力号召与推动

随着市场经济的迅猛发展，社会改革不断向纵深推进，社会公共服务不断出现新的缺口、新的需求，给政府财政带来了很大的压力，同时政府和市场在处理社会事务方面也存在一定的局限性。倡导更多社会力量参与进来，以社会力量解决社会问题，成为社会治理的一条有效途径。在这一背景下，非营利组织开始涌现，在重整社会资源配置，洞察并满足人民群众的多样化需求方面展现出独特的优势。政府意识到非营利组织在创新社会服务领域的重要作用，开始从政策和制度层面着手，为非营利组织的发展提供丰厚的土壤。企业基金会也在这一过程中充分发挥了市场对资源的配置作用，提高了解决问题的效率，展现了自身的社会价值，实现了蓬勃发展。

1988年9月27日，国务院发布《基金会管理办法》，这是我国第一部专门规范民间组织登记管理的行政法规，对促进"官办"基金会的发展发挥了重要作用。

在随后的发展中，政府意识到民间资本对于公益慈善事业的重要性，逐渐放开并降低了民间资本进入基金会行业的门槛。2004年3月8日，《基金会管理条例》正式发布，同年6月1日起正式施行。该条例将基金会的审批和监督权交给民政部，简化了审批流程，首次区分了公募基金会与非公募基金会，逐步开放了民间资本设立慈善基金会的途径，鼓励自然人及法人成立基金会，打破了传统公募基金会一枝独秀的格局。

2005年出台的《民间非营利组织会计制度》以及2008年施行的《中华人民共和国企业所得税法》，确立了相关会计制度规范以及税收方面的优惠政策，为包括企业基金会在内的非营利组织创造了健康发展的政策环境。自此，我国慈善基金会进入了高速发展期。

2013年，民政部将慈善基金会管理权下放，将县级以上人民政府和民政部门列为公益服务类社会组织的登记管理机关，进一步畅通了慈善基金会的注册和发展通道。

2014年，国务院发布的《关于促进慈善事业健康发展的指导意见》强调应畅通各方参与慈善的渠道，使各类资源充分发挥作用，为企业基金会提供了更进一步发展的机遇。

2016年，《中华人民共和国慈善法》（以下简称《慈善法》）在第十二届全国人民代表大会第四次会议上通过，于同年9月1日起正式施行，为基金会的健康发展提供了更为有利的外部法律监管环境，打破了公募基金会与非公募基金会之间的严格界限，允许依法登记满两年的慈善组织向登记的民政部门申请公开募捐资格，公募权由垄断转为放开。一部分持观望态度的企业相继成立企业基金会，企业基金会进入了一个新的发展阶段。

2023年12月29日，十四届全国人大常委会第七次会议表决通过关于修改《慈善法》的决定。修改后，依法登记满一年的慈善组织就可以向登记的民政部门申请公开募捐资格，并在第十章"促进措施"部分新增第八十五条，规定"国家鼓励、引导、支持有意愿有能力的自然人、法人和非法人组织积极参与慈善事业。国家对慈善事业实施税收优惠政策，具体办法由国务院财政、税务部门会同民政部门依照税收法律、行政法规的规定制定"，同时在新增的第八十八条中明确规定"自然人、法人和非法人组织设立慈善信托开展慈善活动的，依法享受税收优惠"。这从立法层面进一步明确了国家支持与扶植企业基金会的意愿与态度，为企业基金会的发展注入了一剂强心针。

（二）设立企业基金会是企业履行社会责任的重要选择

近年来，国家高度重视企业社会责任建设，习近平总书记多次围绕企业社会责任发表讲话，号召企业在自身发展的同时，应该当好"企业公民"，饮水思源，回报社会，并强调"只有富有爱心的财富才是真正有意义的财富，只有积极承担社会责任的企业才是最有竞争力和生命力的企业"。2020年，习近平总书记在企业家座谈会上发表讲话，在提到"企业家精神"时说道："只有真诚回报社会、切实履行社会责任的企业家，才能真正得到社会认可，才是符合时代要求的企业家。"《中华人民共和国国民经济和社会发展第十四个五年规划和2035年远景目标纲要》也强调，要"完善民营企业参与国家重大战略实施机制。推动民营企业守法合规经营，鼓励民营企业积极履行社会责任、参与社会公益和慈善事业"。

在国家的大力号召及推动下，在企业家社会责任意识的不断觉醒下，众多企业开始重视企业社会责任工作，而参加慈善捐赠活动成为企业履行社会责任的重要途径。同时，随着公益慈善事业的不断发展，越来越多的企业对于履行社会责任有了更加深入的理解，不再满足于单纯的捐钱捐物，纷纷成立企业基金会，以便更有规划性、更加长久、更加专注地解决某一项或某一类社会问题，更加高效地整合企业内外部的优势资源，组织开发更为系统、更加专业、更有效果的公益项目。尤其是在汶川地震、河南水灾、甘肃地震等重大自然灾害及突发事件的救援方面，广大企业基金会通过快速响应、及时行动，展示出强大的资源动员和协调能力，以及积极履行社会责任、服务和谐社会建设的决心。

企业基金会的设立与发展对我国公益慈善事业的发展意义重大，其在扶弱济困、疫情防控、乡村振兴、扶老救孤、科教文卫、生态保护、应急救援等方面发挥了积极作用，为全面建设社会主义现代化国家做出了重要贡献。而企业基金会的善念善行也高效传播了企业的公益理念，在很大程度上帮助企业树立起负责任的品牌形象，进而实现了公共关系的改善，提升了消费者、客户对于企业品牌的认可度与忠诚度，还有助于企业获得政府认可。企业基金会逐渐成为企业打造责任竞争力、影响力，实现可持续发展的重要工具。截至2022年12月31日，我国已成立企业基金会1850家，企业通过设立基金会来履行社会责任已经成为大势所趋。

（三）企业基金会的发展是推动实现共同富裕的有效途径

党的十九届四中全会通过的《中共中央关于坚持和完善中国特色社会主义制度 推进国家治理体系和治理能力现代化若干重大问题的决定》首次明确提出："重视发挥第三次分配作用，发展慈善等社会公益事业。"党中央首次明确第三次分配为收入分配体系的重要组成部分，确立了慈善等公益事业在我国经济和社会发展中的重要地位。党的二十大报告提出"分配制度是促进共同富裕的基础性制度。坚持按劳分配为主体、多种分配方式并存，构建初次分配、再分配、第三次分配协调配套的制度体系"，"引导、支持有意愿有能力的企业、社会组织和个人积极参与公益慈善事业"。

第三次分配区别于初次分配和再分配，主要是指高收入人群在自愿的基础上，以募集、捐赠和资助等慈善公益方式对社会资源和社会财富进行分配，是对初次分配和再分配的有益补充，有利于缩小社会贫富差距，实现更合理的收入分配。

企业基金会作为经济社会快速发展和市场经济主体社会责任意识不断提高的综合产物，不仅是企业履行社会责任的重要抓手，更是助力解决社会问题的重大创新。企业基金会可以紧密围绕党和国家的重大发展战略，结合企业的社会责任理念，自主确立基金会的使命、目标和发展愿景，更有针对性地在政府无法提供公共产品或服务的领域，开展公益项目的规划与实施，担当起第三次分配重要载体的使命，推动公共服务均等化，助力共同富裕的实现。

三、中国企业基金会发展阶段

（一）萌芽阶段（1988—2003 年）

20 世纪 80 年代之前，我国社会组织的发展基本处于停滞状态。随着 1988 年《基金会管理办法》、1989 年《外国商会管理暂行规定》和 1998 年《社会团体登记管理条例》的相继出台，我国社会组织的发展得到了全面恢复。其中，《基金会管理办法》对基金会的性质、建立条件、筹款方式、基金的使用和管理等一系列事项做出了规定。《社会团体登记管理条例》则确定了登记管理机关和业务主管单位双重管理的体制，在对社会团体进行有力约束的同时，也在一定程度上抑制了社会组织的成立与发展。但尽管如此，企业基金会还是迈出了从无到有的关键一步。根据基金会中心网的数据记录，我国第一家企业基金会于1991年成立，发起企业为福建省鞋帽进出口集团公司与中国台湾丰泰集团合资成立的两家公司——福建荔丰鞋业开发有限公司和福建协丰鞋业有限公司。基金会原名为"荔丰、协丰文化基金会"，后改为"福建大丰文化基金会"。

1998年6月，国务院批准成立了民政部民间组织管理局，10月发布了《民办非企业单位登记管理暂行条例》和《社会团体登记管理条例》，使社会组织走上了规范化发展之路。基金会也从社会团体中独立出来，成为社会组织中的独立类型。根据基金会中心网的历年统计数据，在2004年之前，企业基金会的发展较为缓慢，仅有极少量外资企业、合资企业、国有企业发起设立了企业基金会，每年的增加数量皆为个位数，在全国各类基金会中的占比仅为1.2%。

（二）探索阶段（2004—2015年）

随着市场经济的蓬勃发展，民营企业也实现了快速发展，涌现出一大批既有实力、又有社会责任感的民营企业家，为企业基金会的探索与发展奠定了基础。2004年《基金会管理条例》出台，规定了基金会内部治理、财务会计制度和善款使用等内容，明确允许个人、企业、民间组织设立非公募基金会，为企业基金会的建立与发展提供了制度支持。2004年，北京市华夏慈善基金会在北京市民政局注册成立，成为《基金会管理条例》颁布后正式注册成立的第一家企业基金会。2005年，香江集团出资5000万元人民币成立香江社会救助基金会，民政部批号"001"，成为我国首个国家级非公募慈善基金会。

2006年，党的十六届六中全会首次提出"社会组织"的概念，并对健全社会组织进行了系统阐述。2013年11月，党的十八届三中全会通过了《中共中央关于全面深化改革若干重大问题的决定》，明确要"创新社会治理体制""激发社会组织活力"，并提出要"正确处理政府和社会关系，加快实施政社分开，推进社会组织明确权责、依法自治、发挥作用"。在整个大环境的利好下，作为社会组织的重要组成部分，企业基金会也得到了一定发展。

这一阶段，我国也开始进行捐赠免税立法与国际接轨的探索。2008年，财政部、国家税务总局和民政部联合下发《关于公益性捐赠税前扣除有关问题的通知》，指出符合条件的非公募基金会可以申请税前扣除资格。税收优惠驱动着越来越多的民营企业设立企业基金会。

基金会中心网的统计显示，我国企业基金会从2004年的12家增加到2015年的622家，在全国各类基金会中的比例也提升至14.6%。

（三）快速发展阶段（2016—2020年）

进入"十三五"发展阶段后，社会组织迎来了更好的发展机遇。2016年8月，中共中央办公厅、国务院办公厅印发《关于改革社会组织管理制度促进社会组织健康有序发展的意见》，在严格依法管理的同时进行积极引导，将社会组织培育和政策扶持置于前所未有的高度，推动社会组织高速发展。2018年2月，党的十九届三中全会通过的《中共中央关于深化党和国家机构改革的决定》提出："推进社会组织改革。按照共建共治共享要求，完善党委领导、政府负责、社会协同、公众参与、法治保障的社会治理机制。加快实施政社分开，激发社会组织活力，克服社会组织行政化倾向。"国家层面对社会组织的重视与大力推动在极大程度上加速了企业基金会的发展。

同时，这一阶段也是我国脱贫攻坚的关键时期，加之企业社会责任意识的不断提升，广大企业愈发重视公益慈善投入，客观上为企业基金会的发展提供了巨大的空间。另外，由于基金会中心网、中国基金会发展论坛等行业平台的出现和努力推动，企业基金会发展迅猛，年度新增数量达到上百家甚至数百家，仅2018年一年，新成立的企业基金会便达到了267家。大量富有公益情怀与责任意识的企业希望通过设立基金会这一方式，更加专业、更有效率地履责尽责、奉献社会。

（四）平稳发展阶段（2021年以来）

进入"十四五"这一新的阶段后，国家重点引导社会组织从追求"数量"转为重视"质量"。2021年，民政部印发《"十四五"社会组织发展规划》，提出要实行积极引导发展与严格依法管理并重，统筹积极引导发展和严格依法管理，进一步加强社会组织登记管理机关能力建设，进一步健全社会组织综合监管服务体系，推动社会组织发展从"多不多""快不快"向"稳不稳""好不好"转变，从注重数量增长、规模扩张向能力提升、作用发挥转型。

在这一背景下，我国社会组织整体增速下降明显，2022年增长率为-1.18%，首次出现负增长情况[①]。但企业基金会仍保持了正向增长，2021年新成立的企业基金会有90家，2022年新成立的企业基金会有120家。这一方面展现了企业基金会的发展韧性，另一方面也可以看到企业基金会已经告别快速发展阶段，进入了更加注重发展质量的平稳发展阶段。

四、中国企业基金会发展概况

（一）基本情况

1. 企业基金会增长趋于平稳

截至2022年12月31日，全国共计成立了1850家企业基金会（见图1）。在全国9276家基金会中，占比近20%。"十三五"时期，企业基金会进入了一个快速发展的阶段，在2018年达到顶峰，当年新成立的企业基金会达267家。随后企业基金会增速减缓并进入一个相对稳定的发展阶段，2021年新成立的企业基金会为90家，是自2014年以来的最低值。随后的2022年，企业基金会

---

① 黄晓勇，徐明，郭磊，等.社会组织蓝皮书：中国社会组织报告（2023）[M].北京：社会科学文献出版社，2023.

的新增数量有所提高，达到120家，但仍低于2016年至2020年的平均增长数量（见图2）。企业基金会的这一发展趋势与基金会的整体发展趋势是一致的，2018—2020年三年内，企业基金会在全国基金会中始终保持了20%以上的占比，在2021年和2022年则比较稳定地维持了19.9%的占比（见图3）。

图1 2012—2022年企业基金会总量

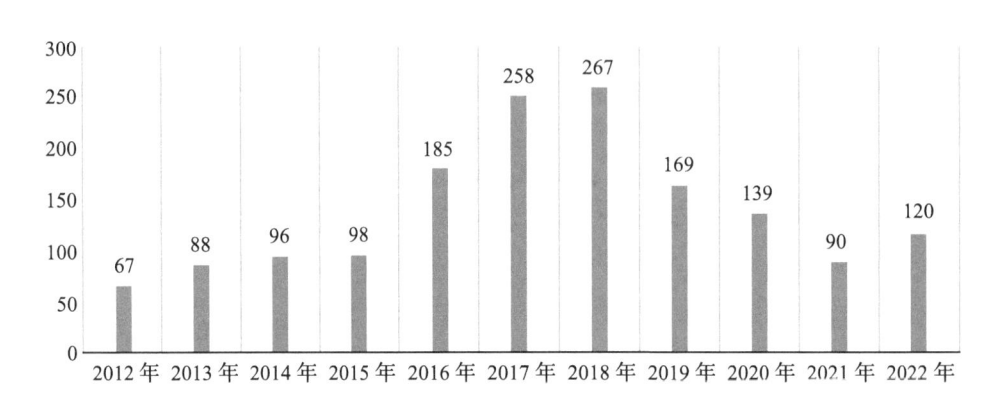

年份	年末企业基金会总量（家）
2012年	340
2013年	428
2014年	524
2015年	622
2016年	807
2017年	1065
2018年	1332
2019年	1501
2020年	1640
2021年	1730
2022年	1850

图2 2012—2022年企业基金会年度新增数量

年份	当年新成立企业基金会数量（家）
2012年	67
2013年	88
2014年	96
2015年	98
2016年	185
2017年	258
2018年	267
2019年	169
2020年	139
2021年	90
2022年	120

注：由于一定数量的新成立基金会信息披露有限，处于无法分类的状态，因此在后续定期分类更新时，如有更多信息支持，则企业基金会的数量会随之产生相应变化。

总报告

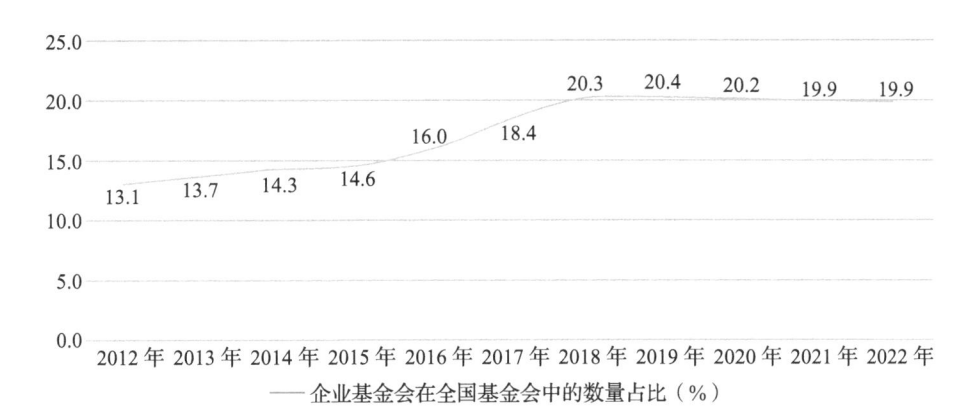

```
25.0
                                              20.3   20.4   20.2   19.9   19.9
20.0                                  18.4
                              16.0
15.0        13.7   14.3   14.6
     13.1
10.0

 5.0

 0.0
     2012年 2013年 2014年 2015年 2016年 2017年 2018年 2019年 2020年 2021年 2022年
     —— 企业基金会在全国基金会中的数量占比（%）
```

图3　2012—2022年企业基金会在全国基金会中的数量占比

2. 具有公募资格的企业基金会占比偏少

基金会中心网提供的数据显示，在1850家企业基金会中，具有公募资格的有24家（见表1），占比1.3%（见图4），而对比全国基金会11.4%的公募基金会比例，企业基金会的公募资格比例远低于全国基金会的整体水平。

表1　具有公募资格的企业基金会名单

序号	成立时间	基金会名称
1	1995年3月	中国航天基金会
2	2004年10月	四川美丰教育基金会
3	2004年12月	无锡灵山慈善基金会
4	2007年12月	河南足球事业发展基金会
5	2010年10月	海南成美慈善基金会
6	2011年2月	北京宋庄艺术发展基金会
7	2011年4月	深圳市关爱行动公益基金会
8	2011年6月	温州金州永强慈善基金会
9	2011年7月	广东省卓如医疗救助基金会
10	2011年11月	河北省新联合公益基金会
11	2012年3月	湖南省步步高福光慈善基金会
12	2012年4月	西藏自治区珠峰冰川环保基金会
13	2012年9月	浙江嘉兴南湖国际教育基金会

续表

序号	成立时间	基金会名称
14	2013年9月	广东省丹姿慈善基金会
15	2015年8月	深圳市广电公益基金会
16	2015年12月	安徽中投公益基金会
17	2016年3月	北京微爱公益基金会
18	2016年12月	海南弘毅扶贫慈善基金会
19	2017年3月	山东省中投慈善公益基金会
20	2017年5月	北京水滴汇聚公益基金会
21	2017年7月	湖南省新闻出版发展基金会
22	2017年7月	江西爱康慈善基金会
23	2017年8月	天津市凯尔翎公益基金会
24	2018年9月	海南墨子慈善基金会

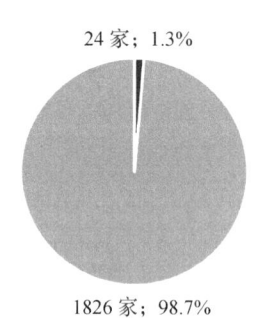

图4 不同类型企业基金会数量及占比

3. 项目资助型企业基金会占比超过六成

根据公益项目运作方式，可以将企业基金会分为项目资助型、项目执行型、混合型三个类别。截至2021年12月31日，根据基金会中心网的相关统计，进行了相关信息披露的企业基金会共计1611家，其中：项目资助型1032家，占比64.1%；项目执行型284家，占比17.6%；混合型295家，占比18.3%（见图5）。

295 家；18.3%

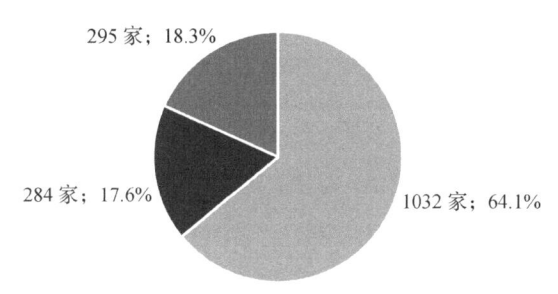

284 家；17.6%　　　1032 家；64.1%

■项目资助型　■项目执行型　■混合型

图 5　企业基金会公益项目运作方式分布

4. 民营企业是企业基金会的重要发起方

从企业基金会发起方的企业类型来看，民营企业是企业基金会的重要发起方，截至 2022 年 12 月 31 日，共计 1392 家企业基金会由民营企业发起成立，以 75.2% 的占比遥遥领先于其他类型的企业。国有企业发起的基金会 94 家，占比约 5.0%；港澳台企业发起的基金会 29 家，占比约 1.6%；外资企业发起的基金会 17 家（见表 2），占比约 0.9%；合资企业发起的基金会 7 家，占比约 0.3%。此外，由于所获得的信息有限，未能对部分企业基金会的发起企业进行分类，这部分企业基金会的数量为 317 家，占比约 17.0%（见图 6）。

表 2　外资企业发起的基金会名单

序号	基金会名称	发起企业
1	哈尔滨市百威英博城市发展基金会	百威英博
2	靖江市江山员工关爱基金会	帝斯曼
3	海南诺华卫生健康发展基金会	诺华中国
4	安利公益基金会	安利（中国）
5	金龙鱼慈善公益基金会	益海嘉里
6	北京 SMC 教育基金会	SMC（中国）
7	北京星巴克公益基金会	星巴克公司

续表

序号	基金会名称	发起企业
8	上海如新公益基金会	如新中国
9	广州市美赞臣公益基金会	美赞臣中国
10	上海泉爱公益基金会	普洛斯
11	上海依视路视力健康基金会	依视路中国
12	海南金光助学与环保基金会	金光集团
13	江苏捷安特自行车文体基金会	捷安特
14	无锡爱思开海力士幸福公益基金会	SK集团
15	四川圣贝慈善基金会	圣贝国际牙科连锁
16	常州温康纳公益基金会	温康纳
17	广东省富迪慈善基金会	美国富佑集团

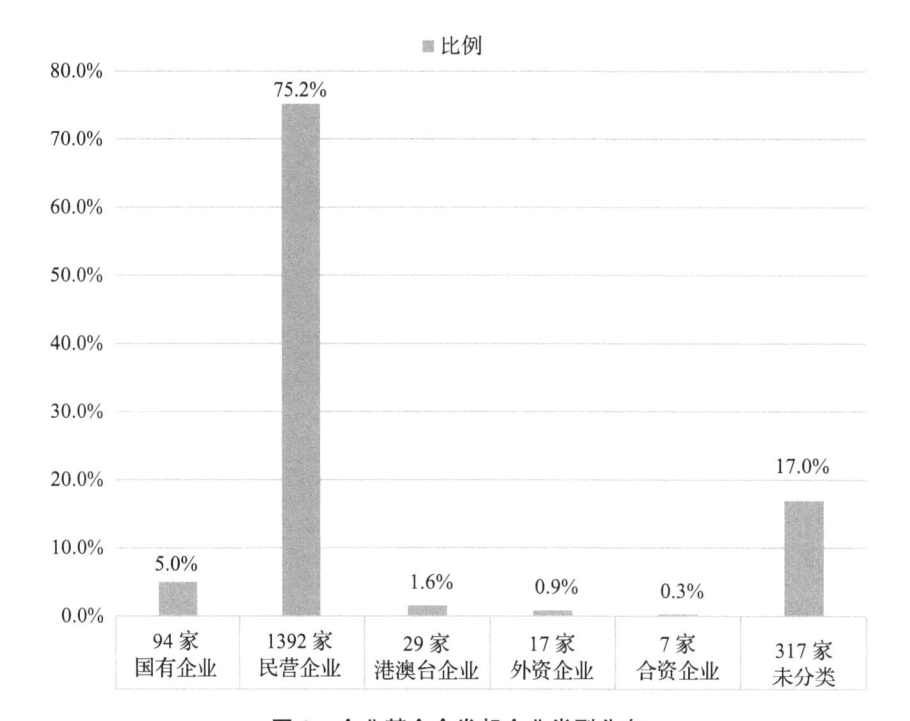

图6 企业基金会发起企业类型分布

- 94家国有企业：5.0%
- 1392家民营企业：75.2%
- 29家港澳台企业：1.6%
- 17家外资企业：0.9%
- 7家合资企业：0.3%
- 317家未分类：17.0%

5. 企业基金会主要在省级民政部门注册，在民政部和市级及以下民政部门注册的比例不高

从基金会中心网掌握的1850家企业基金会的注册层级来看，在民政部注册的有45家（见表3），占比2.4%，略高于全国基金会2.28%的整体比例；在省级民政部门注册的有1178家，占比达63.7%，略低于全国基金会65.57%的整体比例；在市级民政部门注册的有528家，占比28.5%，高于全国基金会21.78%的整体比例；在县级民政部门注册的有99家，占比仅为5.4%，与全国基金会10.37%的整体比例仍有一定差距（见图7）。

表3 在民政部注册的企业基金会名单

序号	基金会名称
1	国家电网公益基金会
2	华润慈善基金会
3	中国人保公益慈善基金会
4	宝钢教育基金会
5	詹天佑科学技术发展基金会
6	招商局慈善基金会
7	中国航天基金会
8	中国民航科普基金会
9	中国人寿慈善基金会
10	中国移动慈善基金会
11	中远海运慈善基金会
12	南航"十分"关爱基金会
13	国家能源集团公益基金会
14	东风公益基金会
15	中国海油海洋环境与生态保护公益基金会
16	紫金矿业慈善基金会

续表

序号	基金会名称
17	中兴通讯公益基金会
18	中信改革发展研究基金会
19	三峡集团公益基金会
20	凯风公益基金会
21	香江社会救助基金会
22	腾讯公益慈善基金会
23	万科公益基金会
24	比亚迪慈善基金会
25	泛海公益基金会
26	亨通慈善基金会
27	亿利公益基金会
28	阿里巴巴公益基金会
29	包商银行公益基金会
30	顺丰公益基金会
31	爱慕公益基金会
32	青山慈善基金会
33	兴华公益基金会
34	中脉公益基金会
35	巨人慈善基金会
36	周大福慈善基金会
37	中天爱心慈善基金会
38	新华人寿保险公益基金会
39	安利公益基金会
40	威盛信望爱公益基金会
41	金龙鱼慈善公益基金会

续表

序号	基金会名称
42	华阳慈善基金会
43	顶新公益基金会
44	永恒慈善基金会
45	思利及人公益基金会

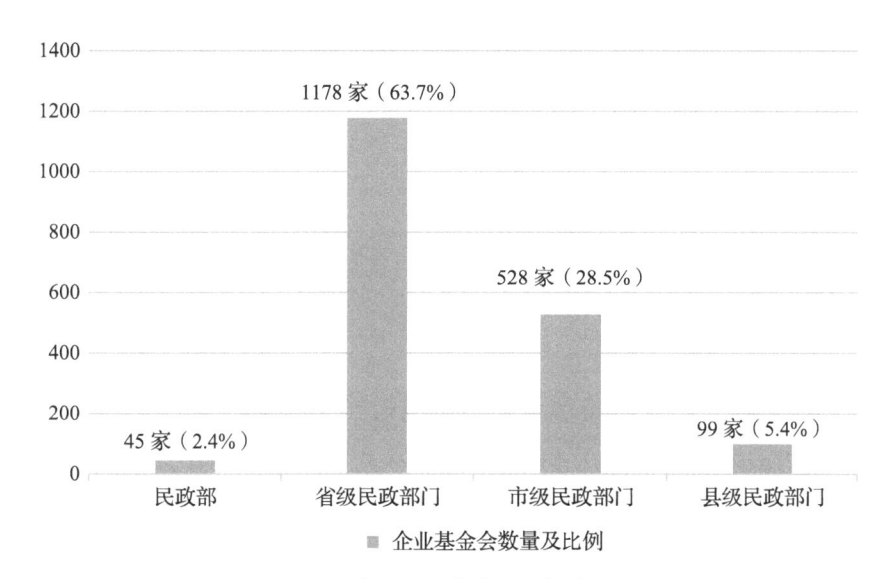

图7 企业基金会注册层级分布

6. 在企业基金会数量上，广东、北京遥遥领先，全国呈现明显的不均衡性

在1850家企业基金会中，除45家在民政部注册的基金会之外，各省份企业基金会的分布数量存在一定差距，其中广东、北京、浙江、上海、江苏的企业基金会数量占据绝对优势，分别为392家、265家、185家、162家和127家，广东的企业基金会数量近400家，北京的企业基金会数量超过了200家，以绝对优势领先于全国其他地区。同时，这五地的企业基金会数量在全国企业基金会总量中的占比超过了61%。青海和新疆两个省份的企业基金会数量较少，均只有2家（见图8）。

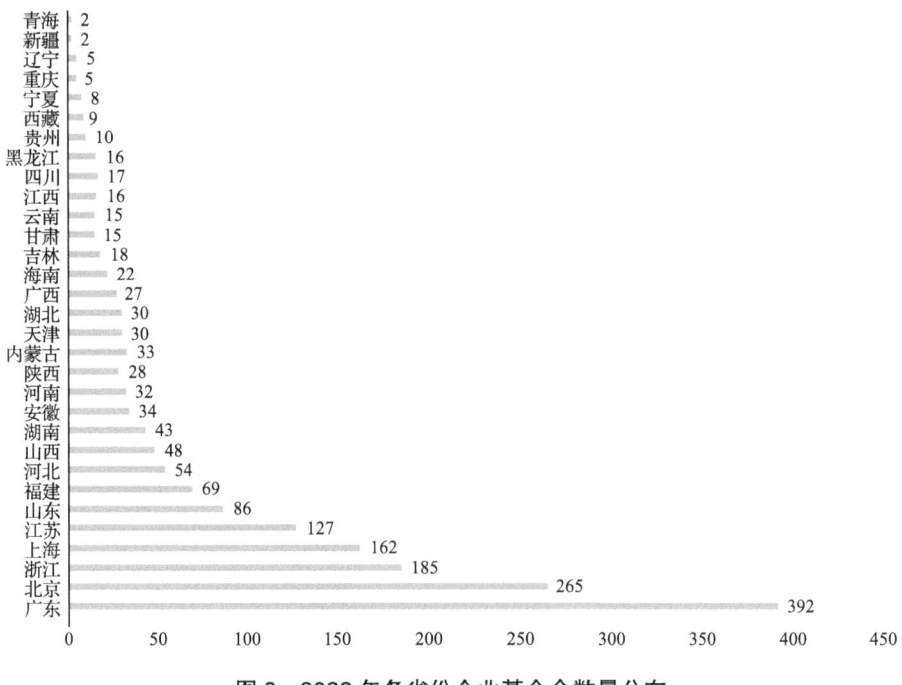

图 8　2022 年各省份企业基金会数量分布

从 2022 年各省份企业基金会数量在本省份基金会总量中的占比情况来看，占比最高的前五个省份分别是：西藏，占比 40.9%；北京，占比 32.4%；山西，占比 30.0%；广东，占比 26.9%；上海，占比 26.7%。辽宁和新疆两个省份的占比较低，分别为 4.6% 和 5.0%（见图 9）。

7. 企业基金会评级情况不乐观，超过一半未获得 3A 及以上评级

根据企业基金会在 2021 年年报中自行填报的数据，共计 871 家企业基金会披露了等级评定的情况，其中：5A 级企业基金会 57 家，占比 6.5%；4A 级企业基金会 134 家，占比 15.4%；3A 级企业基金会 237 家，占比 27.2%；3A 级以下企业基金会 31 家，占比 3.6%；未参评企业基金会 412 家，占比 47.3%（见图 10）。

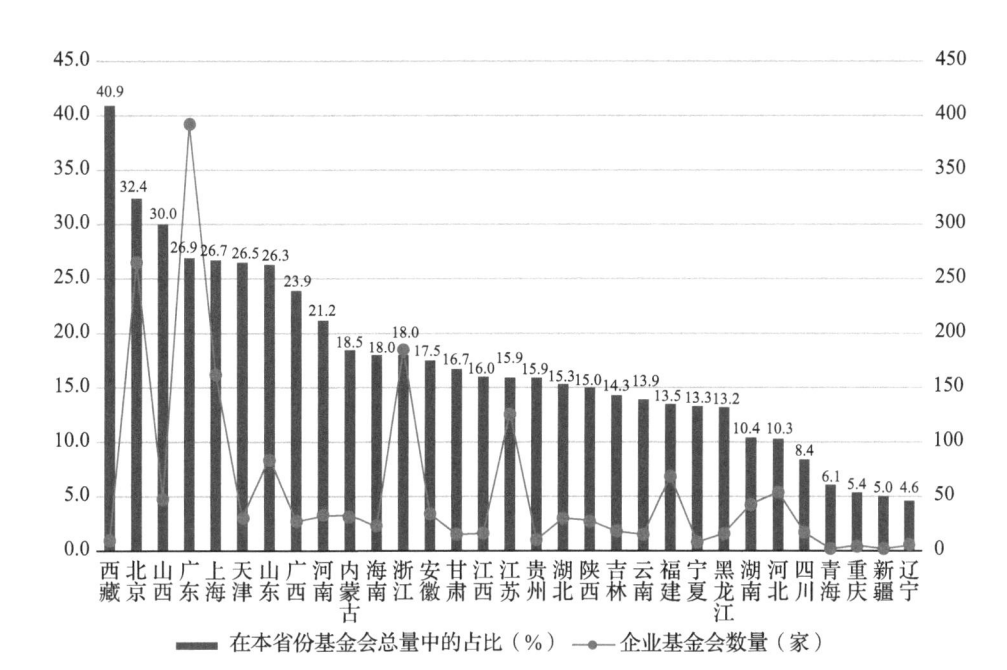

图9 2022年各省份企业基金会数量及在本省份基金会总量中的占比

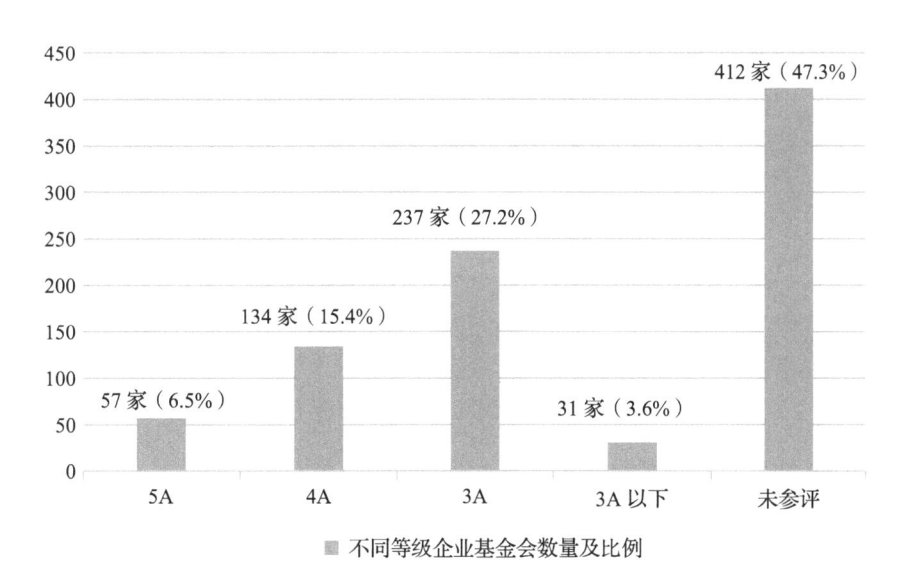

图10 2021年企业基金会评级情况

2020年,财政部、税务总局、民政部联合发布《关于公益性捐赠税前扣除有关事项的公告》,在公益性捐赠税前扣除资格条件中要求,"社会组织评估等级为3A以上(含3A)且该评估结果在确认公益性捐赠税前扣除资格时仍在有效期内"。也就是说,有超过一半的企业基金会不能享受该优惠政策。

(二)人力情况

1. 企业基金会理事会平均人数为7.4人,低于全国基金会平均水平

理事会是基金会的决策机构,依法行使章程规定的职权。根据《基金会管理条例》的规定:"基金会设理事会,理事为5人至25人,理事任期由章程规定,但每届任期不得超过5年。理事任期届满,连选可以连任。"根据基金会中心网的相关数据,截至2021年12月31日,企业基金会理事会的平均人数为7.4人,低于全国基金会9.5人的平均水平,与截至2020年12月31日的数据一致,没有变化(见图11)。

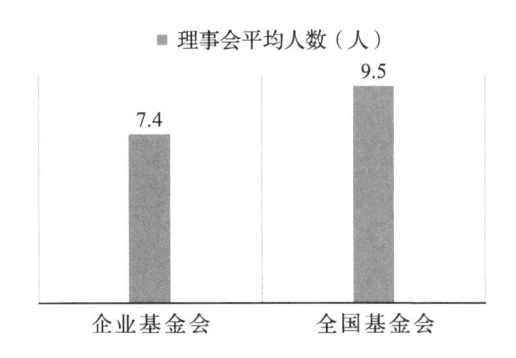

图11 企业基金会与全国基金会的理事会平均人数情况

2. 企业基金会理事和秘书长的年龄情况

(1)企业基金会理事的平均年龄为50岁。根据现有披露数据,截至2021年12月31日,企业基金会理事的平均年龄为50岁,最高年龄93岁,最低年龄22岁,中位数为50岁。全国基金会理事的平均年龄为52.4岁,最高年龄97岁,最低年龄20岁,中位数为53岁(见图12)。整体而言,企业

基金会理事的平均年龄要低于全国基金会理事的平均年龄，但对比基金会中心网在《参与的力量：中国企业基金会发展研究报告》中披露的2020年47.3岁的历史数据，2021年的数据显示企业基金会理事的平均年龄呈增长趋势。

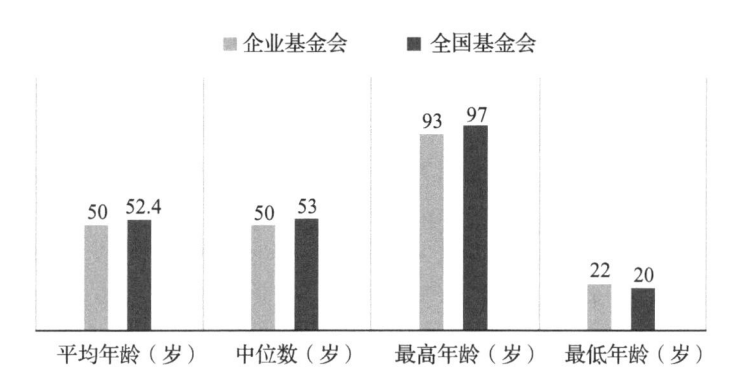

图12　企业基金会与全国基金会的理事年龄分布情况

（2）企业基金会秘书长的平均年龄为46.9岁。根据现有披露数据，截至2021年12月31日，企业基金会秘书长的平均年龄为46.9岁，最高年龄81岁，最低年龄24岁，中位数为45岁。全国基金会秘书长的平均年龄为50岁，最高年龄84岁，最低年龄24岁，中位数为49岁（见图13）。从平均年龄、最高年龄、年龄中位数来看，企业基金会秘书长的年龄结构较全国基金会秘书长的年龄结构更为年轻化，但与2020年44.3岁的历史数据相比，企业基金会秘书长的平均年龄也呈增长趋势。

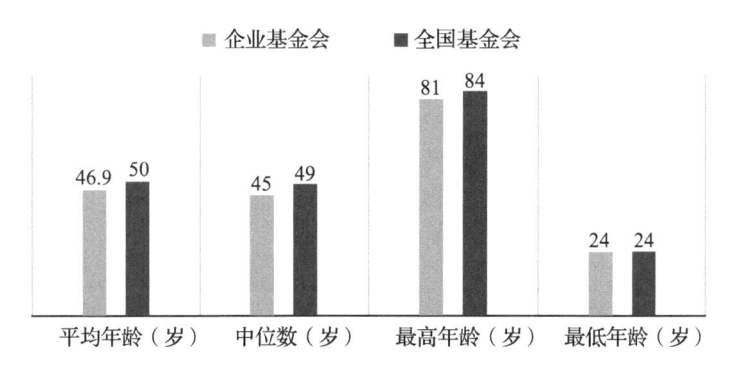

图13　企业基金会与全国基金会的秘书长年龄分布情况

3. 企业基金会理事和秘书长的性别构成

（1）企业基金会女性理事占比35%，整体偏少。从企业基金会理事的性别比例来看，截至2021年12月31日，1417家企业基金会女性理事的占比为35%，较全国6985家基金会30%的女性理事占比高出5%（见图14），同时与企业基金会2020年33.1%的历史数据相比也有所提升，但性别比例仍不平衡。

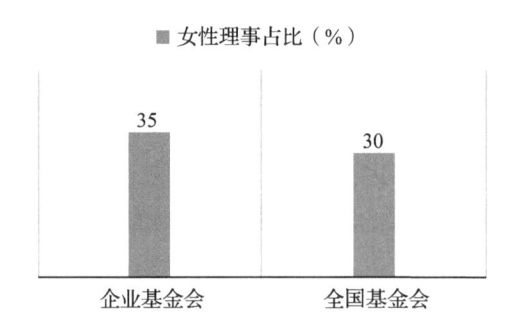

图14 企业基金会与全国基金会的女性理事占比情况

（2）企业基金会女性秘书长占比46.4%，男女基本持平。从企业基金会秘书长的性别比例来看，截至2021年12月31日，956家企业基金会中有女性秘书长444位，占比46.4%，高于全国5272家基金会38.6%的女性秘书长占比（见图15）。但与2020年47.2%的历史数据相比，企业基金会女性秘书长的比重在下降。

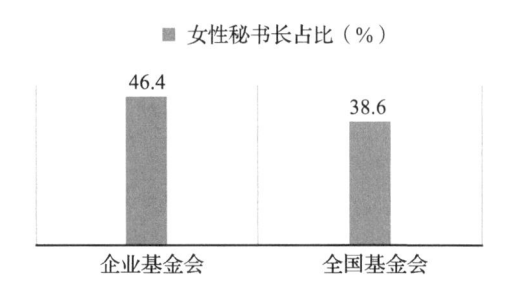

图15 企业基金会与全国基金会的女性秘书长占比情况

4. 企业基金会监事平均人数为1.8人

基金会需设监事，监事人数在3人以上可设立监事会。监事任期与理事任期相同，按照基金会章程规定的程序检查基金会财务和会计资料，监督理事会遵守法律和章程的情况。监事列席理事会会议，有权向理事会提出质询和建议，并向登记管理机关、业务主管单位以及税务、会计主管部门反映情况。监事的设立对于企业基金会的依法合规治理具有重要的作用。截至2021年12月31日，1409家企业基金会的监事平均人数为1.8人，低于全国6994家基金会2.2人的平均水平（见图16）。

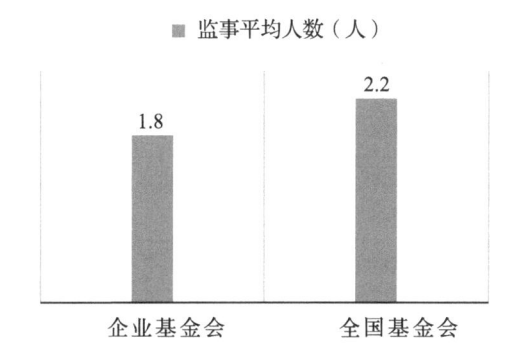

图16 企业基金会与全国基金会的监事平均人数情况

5. 企业基金会员工情况

（1）企业基金会全职员工平均仅3.2人，规模较小。根据现有统计数据情况，截至2021年12月31日，1225家企业基金会的全职员工平均人数为3.2人，接近全国6021家基金会3.7人的平均水平。

（2）企业基金会全职员工中女性员工占一半以上。截至2021年12月31日，企业基金会全职员工中女性占比为57.6%，较2020年46.4%的占比有较为显著的提升（见图17）。

（3）企业基金会全职员工平均年龄为41.6岁，整体偏大。从年龄结构来看，截至2021年12月31日，企业基金会全职员工平均年龄为41.6岁，

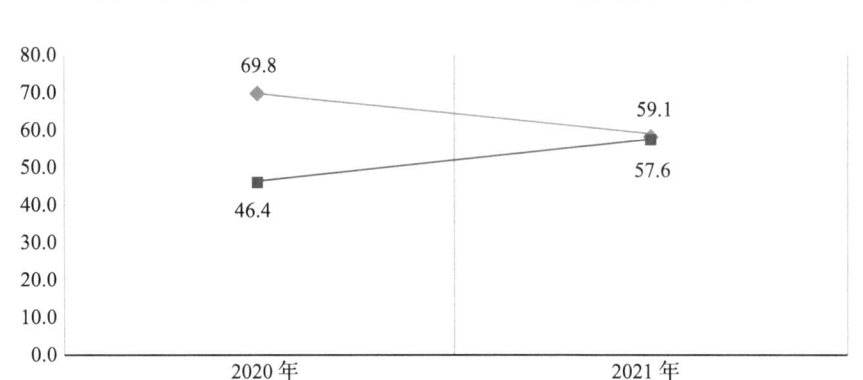

全国基金会全职员工中女性占比（%） ── 企业基金会全职员工中女性占比（%）

图 17　企业基金会与全国基金会全职员工中女性占比情况

最高年龄 90 岁，最低年龄 21 岁，年龄中位数为 39 岁；全国基金会全职员工平均年龄为 43.6 岁，最高年龄 93 岁，最低年龄 19 岁，年龄中位数为 41 岁（见图 18）。无论是企业基金会还是全国基金会，全职员工的年龄整体偏大。

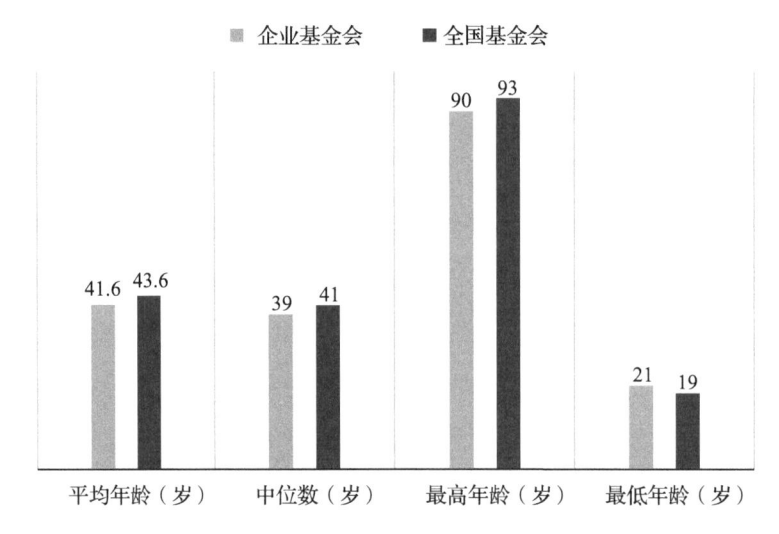

图 18　企业基金会与全国基金会全职员工的年龄分布情况

（4）企业基金会近八成全职员工学历为本科及以上。从学历结构来看，截至2021年12月31日，企业基金会全职员工学历在专科及以下的占比23.2%，本科学历占比58.3%，硕士占比16.4%，博士及以上占比2.1%，整体教育水平较高（见图19）。

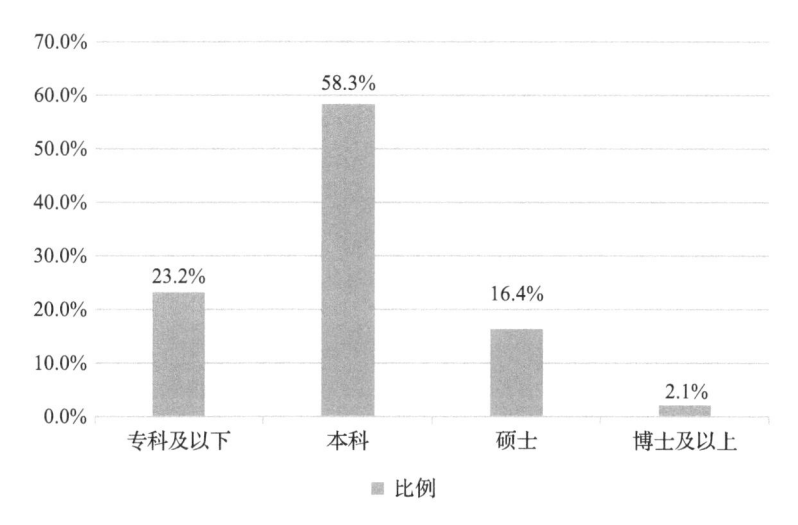

图19 企业基金会全职员工学历结构

（5）企业基金会全职员工中共产党员占比较高。从政治面貌来看，截至2021年12月31日，企业基金会全职员工中，中共党员和中共预备党员的占比为33.67%，全国基金会为44%，整体比例较高（见图20）。2020年，企业基金会全职员工中共产党员占比为32%，全国基金会全职员工中共产党员占比为39.2%，一直维持在高位。

（6）企业基金会全职员工的年平均工资为7.7万元，略高于当年全国城镇私营单位就业人员的年平均工资。从员工工资情况来看，2021年企业基金会全职员工的年平均工资为2.1万元，其中1020家企业基金会在年报中填报的年平均工资为"0"，剔除这部分企业基金会，剩余企业基金会全职员工的年平均工资为7.7万元。对比2021年全国城镇私营单位就业人员62884元的年平均工资，企业基金会全职员工的工资水平稍高。

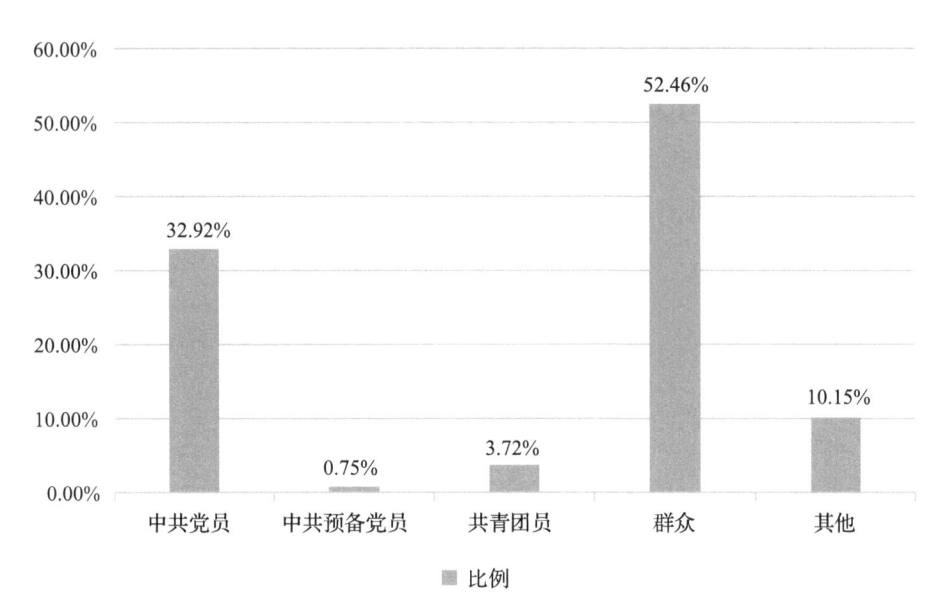

图 20　企业基金会全职员工政治面貌分布情况

（三）项目情况

1. 企业基金会 70% 的项目资金规模在 1 万（含）至 100 万元之间，整体规模偏小

2021 年，1250 家企业基金会披露了项目相关信息，显示年度开展项目总量为 7871 个，年度总支出为 156.9 亿元。其中：资金规模在 1000 万元及以上的项目数量为 322 个，占比 4.1%；资金规模在 100 万（含）至 1000 万元的项目数量为 1297 个，占比 16.5%；资金规模在 10 万（含）至 100 万元的项目数量为 3124 个，占比 39.7%；资金规模在 1 万（含）至 10 万元的项目数量为 2388 个，占比 30.3%；资金规模在 1 万元以下的项目数量为 740 个，占比 9.4%（见图 21）。由此可见，企业基金会开展的项目资金规模主要集中在 1 万（含）至 100 万元之间，占比达 70%。

2021 年年度支出金额前十的企业基金会公益项目如表 4 所示。

■ 项目数量（个） ■ 占比（%）

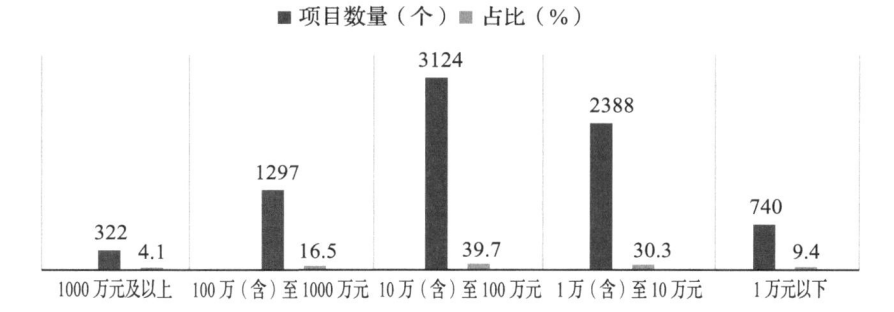

- 1000万元及以上：322（4.1）
- 100万（含）至1000万元：1297（16.5）
- 10万（含）至100万元：3124（39.7）
- 1万（含）至10万元：2388（30.3）
- 1万元以下：740（9.4）

图21 2021年企业基金会不同资金规模的项目数量及占比情况

表4 2021年年度支出金额前十的企业基金会公益项目

序号	项目名称	基金会名称	支出/亿元
1	公益平台	腾讯公益慈善基金会	6.89
2	济困救灾	腾讯公益慈善基金会	5.78
3	用于广东省扶贫基金会2020年扶贫济困日捐赠	广东省国强公益基金会	3.42
4	定点帮扶和对口支援	国家能源集团公益基金会	3.15
5	支持深圳市鹏瑞公益基金会机构发展	深圳市华佑公益基金会	2.50
6	用于清华大学教育基金会专项捐赠	广东省国强公益基金会	2.22
7	特困户救助	浙江嘉行慈善基金会	2.18
8	溢彩公卫专项基金	北京泰康溢彩公益基金会	2.03
9	水灾救助	阿里巴巴公益基金会	1.32
10	科技发展	腾讯公益慈善基金会	1.15

2. 教育、乡村振兴、公共服务是企业基金会投入最大的三个领域

2021年，企业基金会开展的7871个项目中，覆盖了教育、乡村振兴、公共服务、医疗救助、公益行业发展、卫生保健、文化、科学研究、安全救灾、环境十大领域。其中：教育领域的项目数量最多、支出金额最大，分别占比31%和24%；乡村振兴领域位居第二，项目数量占比28%，支出金额占比19%；公共服务领域排在第三位，项目数量占比16%，支出金额占比

17%。环境和安全救灾两个领域的项目数量比较少，占比分别为 2% 和 4%，但值得关注的是，相对项目数量而言，这两个领域的项目支出金额占比较高，分别为 4% 和 15%（见图 22）。

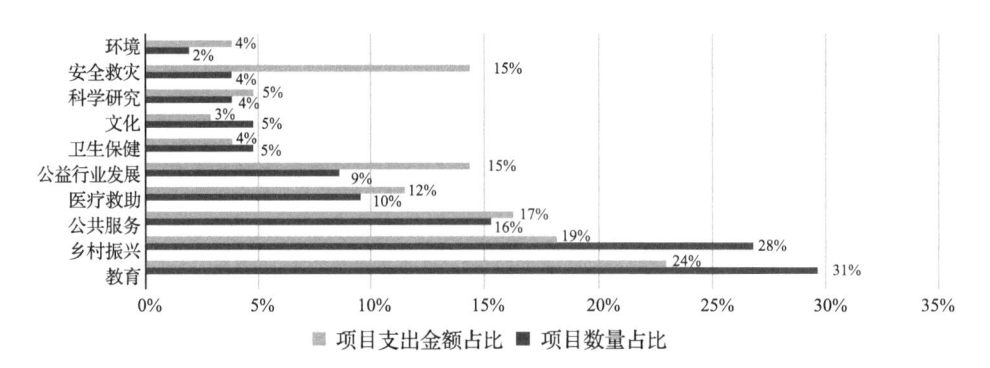

图 22　2021 年企业基金会各领域项目数量及支出金额占比情况

3. 企业基金会项目的地域分布

（1）企业基金会开展的项目以区域性项目为主，占比近八成。2021 年，企业基金会开展的全国性项目数量为 1607 个，占比 20.4%；区域性项目数量为 6264 个，占比 79.6%（见图 23）。

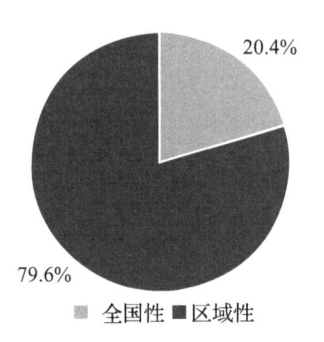

图 23　2021 年企业基金会项目总体分布

（2）区域性项目在各地分布的数量差异较大，在广东省开展的项目数量最多。2021 年，在企业基金会开展的 6264 个区域性项目中，有部分项目没有披露具体的项目开展地，有的项目有多个项目开展地。根据所掌握的数据，企业基金会在广东省开展的项目数量最多，为631个，而这也与广东省拥有最多的企业基金会呈正向关联；在辽宁省开展的项目数量最少，仅有43个（见图24）。

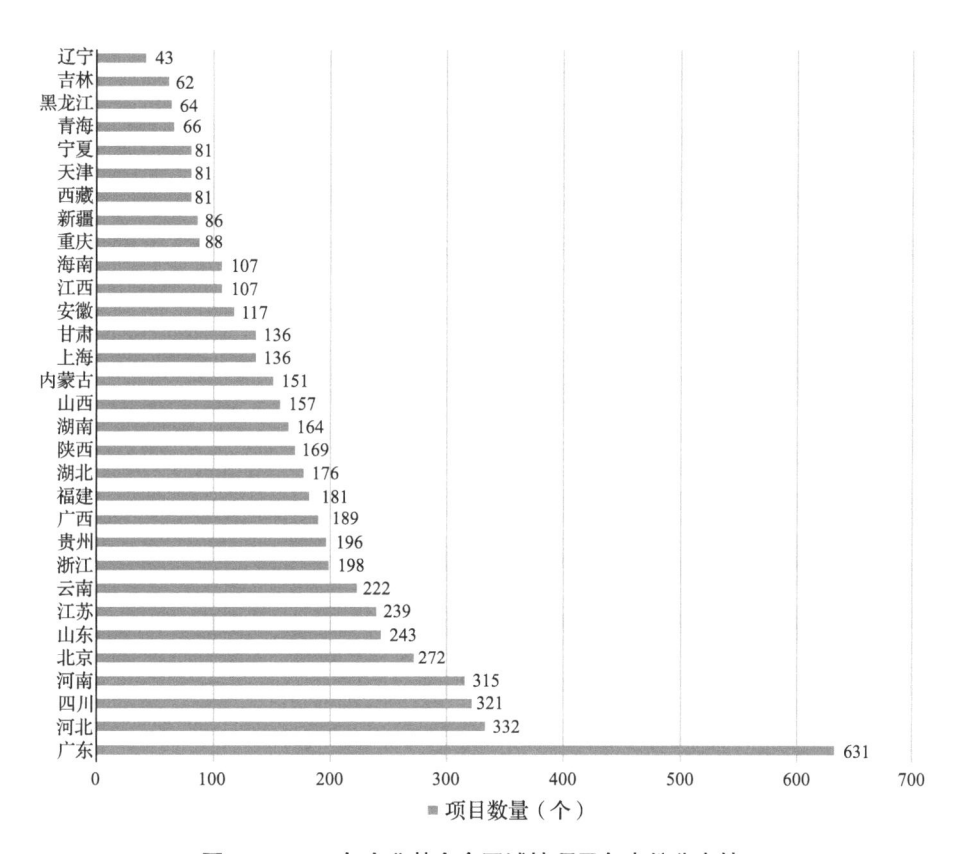

省份	项目数量（个）
辽宁	43
吉林	62
黑龙江	64
青海	66
宁夏	81
天津	81
西藏	81
新疆	86
重庆	88
海南	107
江西	107
安徽	117
甘肃	136
上海	136
内蒙古	151
山西	157
湖南	164
陕西	169
湖北	176
福建	181
广西	189
贵州	196
浙江	198
云南	222
江苏	239
山东	243
北京	272
河南	315
四川	321
河北	332
广东	631

图24 2021年企业基金会区域性项目各省份分布情况

（3）企业基金会"走出去"的项目偏少。值得注意的是，企业基金会开展的公益项目基本集中在国内，国际化项目较少，企业基金会的国际影响力还有待进一步提升。

华彬文化基金会于2016年启动国际项目——丝路之旅"一带一路"摄影展全球巡展项目。该项目已在国内外举办20余场活动，受益群体超百万人，先后亮相于全国两会、中国香港"一带一路"高峰论坛、中欧企业家峰会、厦门金砖会议、"一带一路"国际合作高峰论坛、博鳌亚洲论坛等重大会议期间，并在中国、美国、英国、新加坡等地进行展出，以国际人文视角，传播丝路文明，受到国际社会的广泛欢迎。新冠疫情期间还启动了该项目资料的数据化建设，重点对资料进行数据化处理和文化故事提取，打破时空、地域的限制，更好地实现了文化的交流传播。2023年11月13日，项目在第二届"一带一路"青年发展高峰论坛期间亮相"'带路'文化聚香江"文化活动环节，引发了现场嘉宾，尤其是共建"一带一路"国家青年代表们的强烈共鸣。

2022年，中远海运慈善基金会积极响应共建"一带一路"倡议，实施旅芬大熊猫养护救助项目，向芬兰探访与养护协会一次性捐赠30万欧元（折合人民币205.42万元），定向用于两只旅芬大熊猫的饲养和保护。该项目既有助于改善大熊猫的自然栖息地环境，提高中国大熊猫整体保护及繁衍水平，也更好地促进了中芬两国友好交流事业的发展。

深圳市猛犸公益基金会于2022年向阿塞拜疆、津巴布韦、泰国、多米尼加、越南等国捐赠火眼实验室气膜，用以支持抗击新冠疫情，助力全球疫情防控工作，推动共建人类卫生健康共同体。

（四）财务情况

1. 63.1%的企业基金会原始注册资金在200万元及以下，资金规模整体不大

全国1850家企业基金会原始资产规模总量为110.81亿元，平均值为598.99万元。其中：原始注册资金在200万元及以下的企业基金会有1168家，占比63.1%；原始注册资金在200万至800万元的企业基金会有395家，占比21.4%；原始注册资金在800万元及以上的企业基金会有287家，占比15.5%（见图25）。

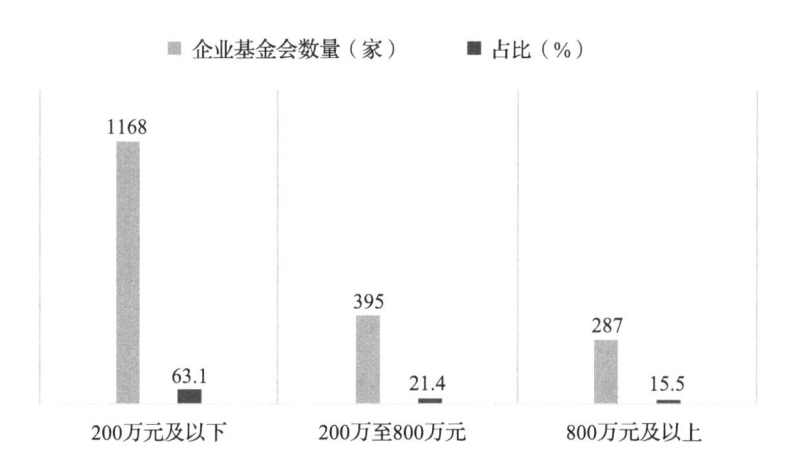

图 25 不同注册资金规模的企业基金会数量及占比情况

注册资金规模	企业基金会数量（家）	占比（%）
200万元及以下	1168	63.1
200万至800万元	395	21.4
800万元及以上	287	15.5

2. 企业基金会净资产平均值低于全国基金会平均水平

近年来，随着企业基金会数量的持续增加，企业基金会的净资产规模也在不断扩大。根据1467家企业基金会披露的净资产情况，截至2021年12月31日，企业基金会净资产总额为373.87亿元（见图26），在全国7397家基金会2493亿元的净资产总量中，占比15%；企业基金会净资产平均值为2549万元，低于全国基金会3371万元的平均净资产规模。

图 26 2017—2021年企业基金会净资产总额变化情况

年份	净资产总额（亿元）
2017年	195
2018年	217
2019年	291
2020年	329
2021年	373.87

3. 大型企业基金会数量占比仅为4%，但掌握着企业基金会净资产总额的68%

将1467家企业基金会按照净资产规模进行划分，截至2021年12月31日，净资产未超过1亿元的中小型企业基金会达1409家，在企业基金会中的数量占比为96%，而净资产超过1亿元的大型企业基金会仅有58家（见表5），在企业基金会中的数量占比为4%。

表5 净资产过亿元的大型企业基金会名单

序号	基金会名称
1	中国海油海洋环境与生态保护公益基金会
2	万科公益基金会
3	国家电网公益基金会
4	广州农商银行金米公益基金会
5	深圳市红岭教育基金会
6	腾讯公益慈善基金会
7	上海民生艺术基金会
8	香江社会救助基金会
9	上海复星公益基金会
10	海南省慈航公益基金会
11	国家能源集团公益基金会
12	宁波鄞州银行公益基金会
13	三峡集团公益基金会
14	华润慈善基金会
15	泛海公益基金会
16	宁波华茂教育基金会
17	浙江嘉行慈善基金会
18	中国航天基金会
19	四川省五粮液慈善基金会
20	湖南省湘江公益基金会

续表

序号	基金会名称
21	云南大益爱心基金会
22	上海汽车工业科技发展基金会
23	贵州省信合公益基金会
24	宝钢教育基金会
25	深圳市平安公益基金会
26	天津市华夏未来文化艺术基金会
27	中国人保公益慈善基金会
28	中国移动慈善基金会
29	山西省吕梁东江扶贫助学基金会
30	闽都陈嘉庚公益基金会
31	江苏沙钢公益基金会
32	广东省易方达公益基金会
33	成都嘉祥教育发展基金会
34	上海瑞华慈善基金会
35	中国人寿慈善基金会
36	北京华彬文化基金会
37	广东省国强公益基金会
38	杭州市西湖区钟子逸教育基金会
39	山东省银丰生命科学公益基金会
40	安徽六安市迎驾慈善基金会
41	上海工商界爱国建设特种基金会
42	内蒙古伊利公益基金会
43	浙江省康恩贝慈善救助基金会
44	浙江宏达教育基金会
45	江西省农村信用社百福慈善基金会
46	惠安县亮亮教育基金会
47	北京中金公益基金会
48	紫金矿业慈善基金会

续表

序号	基金会名称
49	招商局慈善基金会
50	中远海运慈善基金会
51	安利公益基金会
52	阿里巴巴公益基金会
53	北京百度公益基金会
54	山东省乐安慈孝公益基金会
55	福建省兴业证券慈善基金会
56	深圳市华佑公益基金会
57	无锡灵山慈善基金会
58	湖南爱眼公益基金会

大型企业基金会的数量虽然很少，但掌握了相当大的净资产份额。中小型企业基金会的净资产总额超121亿元，占企业基金会净资产总额的32%；大型企业基金会的净资产总额近253亿元，占企业基金会净资产总额的68%，大型企业基金会掌握着企业基金会超过三分之二的净资产份额（见图27）。

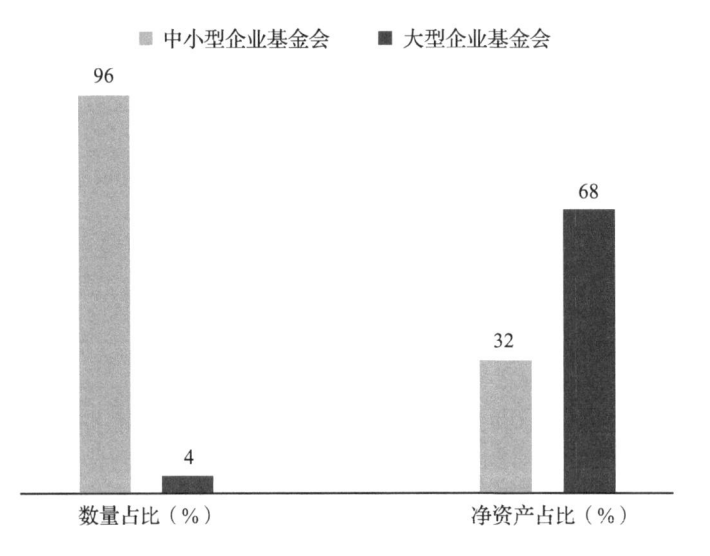

图27 不同规模企业基金会的数量占比及净资产占比

4. 企业基金会注册层级越高，资产规模越大，但县级企业基金会不容忽视

从1467家企业基金会的注册层级来看，截至2021年12月31日，在民政部注册的企业基金会数量为45家，数量占比3.1%，净资产总额92.51亿元，占比高达24.7%，平均净资产近2.06亿元；在省级民政部门注册的企业基金会数量为947家，数量占比64.6%，净资产总额218.53亿元，占比58.5%，平均净资产超2307万元；在市级民政部门注册的企业基金会数量为408家，数量占比27.8%，净资产总额46.49亿元，占比12.4%，平均净资产超1139万元；在县级民政部门注册的企业基金会数量为67家，数量占比4.6%，净资产总额16.34亿元，占比4.4%，平均净资产近2439万元（见图28）。在县级民政部门注册的企业基金会的平均净资产额已经超过了在市级和省级民政部门注册的企业基金会的平均净资产额。而在民政部注册的企业基金会多为国有企业基金会，资金充沛，资源丰富，平均净资产远高于其他注册层级的企业基金会，实力非常雄厚。

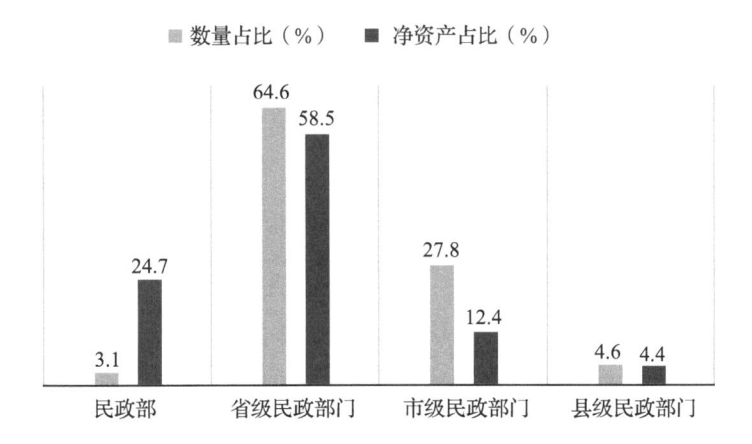

图28 不同注册层级的企业基金会数量占比及净资产占比

2021年净资产排名前二十的企业基金会名单如表6所示。

表6 2021年净资产排名前二十的企业基金会名单

序号	基金会名称	净资产/亿元
1	腾讯公益慈善基金会	19.40
2	广东省国强公益基金会	18.30
3	国家能源集团公益基金会	10.80
4	北京华彬文化基金会	10.40
5	中远海运慈善基金会	9.80
6	湖南省湘江公益基金会	9.64
7	山东省乐安慈孝公益基金会	9.63
8	安徽六安市迎驾慈善基金会	9.59
9	深圳市华佑公益基金会	8.51
10	上海民生艺术基金会	8.04
11	三峡集团公益基金会	8.00
12	浙江嘉行慈善基金会	7.39
13	中国海油海洋环境与生态保护公益基金会	5.45
14	湖南爱眼公益基金会	5.19
15	杭州市西湖区钟子逸教育基金会	5.15
16	万科公益基金会	5.00
17	山西省吕梁东江扶贫助学基金会	4.94
18	惠安县亮亮教育基金会	4.75
19	广东省易方达公益基金会	4.60
20	海南省慈航公益基金会	4.34

5. 2021年企业基金会年度总收入出现十年来首次负增长

企业基金会年度总收入相对比较稳定。2012年，325家企业基金会的年度总收入为35亿元，年度总收入平均值约为1077万元。截至2020年，企业基金会年度总收入一直保持着一定的增长率。到了2021年，1467家企业基金会的年度总收入为215.8亿元，较上一年度呈现负增长，为十年来首次（见图29、图30）。

图 29　2012—2021 年企业基金会年度总收入

图 30　2013—2021 年企业基金会年度总收入增长率

2021 年年度总收入排名前二十的企业基金会名单如表 7 所示。

表 7　2021 年年度总收入排名前二十的企业基金会名单

序号	基金会名称	年度总收入 / 亿元
1	腾讯公益慈善基金会	15.9
2	广东省国强公益基金会	12.9

续表

序号	基金会名称	年度总收入/亿元
3	三峡集团公益基金会	8.7
4	中远海运慈善基金会	8.1
5	安徽六安市迎驾慈善基金会	5.8
6	阿里巴巴公益基金会	5.5
7	浙江蚂蚁公益基金会	4.2
8	湖南爱眼公益基金会	3.9
9	国家能源集团公益基金会	3.6
10	上海复星公益基金会	3.2
11	北京泰康溢彩公益基金会	3.1
12	山西省吕梁东江扶贫助学基金会	3.1
13	广东省易方达公益基金会	2.8
14	四川省五粮液慈善基金会	2.4
15	深圳市华佑公益基金会	2.4
16	湖南省湘江公益基金会	2.3
17	北京百度公益基金会	2.2
18	北京京东公益基金会	2.0
19	江苏沙钢公益基金会	1.8
20	惠安县亮亮教育基金会	1.7

6. 捐赠收入是企业基金会最主要的收入来源

从企业基金会的收入构成来看，2021年，企业基金会捐赠收入占比91.30%，是企业基金会最主要的收入来源。其次分别为：投资收益占比5.75%、其他收入占比1.68%、提供服务收入占比0.90%、政府补助收入占比0.35%，以及会费收入和商品销售收入，皆占比0.01%，占比极少（见图31）。

作为企业基金会最重要的收入来源，捐赠收入在年度总收入中的占比非常高。2012—2021年，企业基金会的年度捐赠收入在年度总收入中的占比始终保持在88%以上，其中更是有8年不低于90%（见图32）。

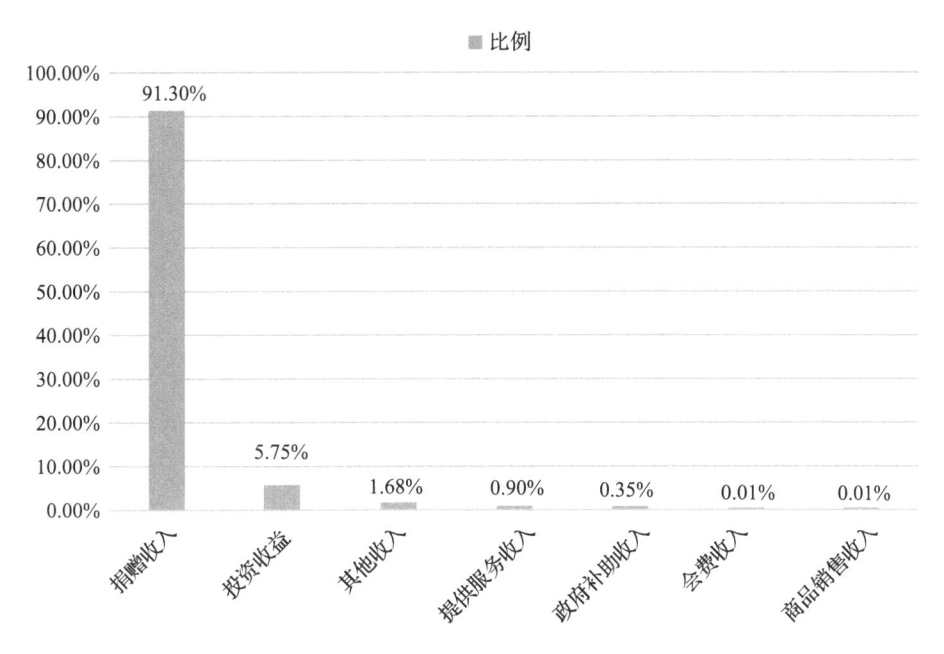

图 31 2021年企业基金会年度收入构成情况

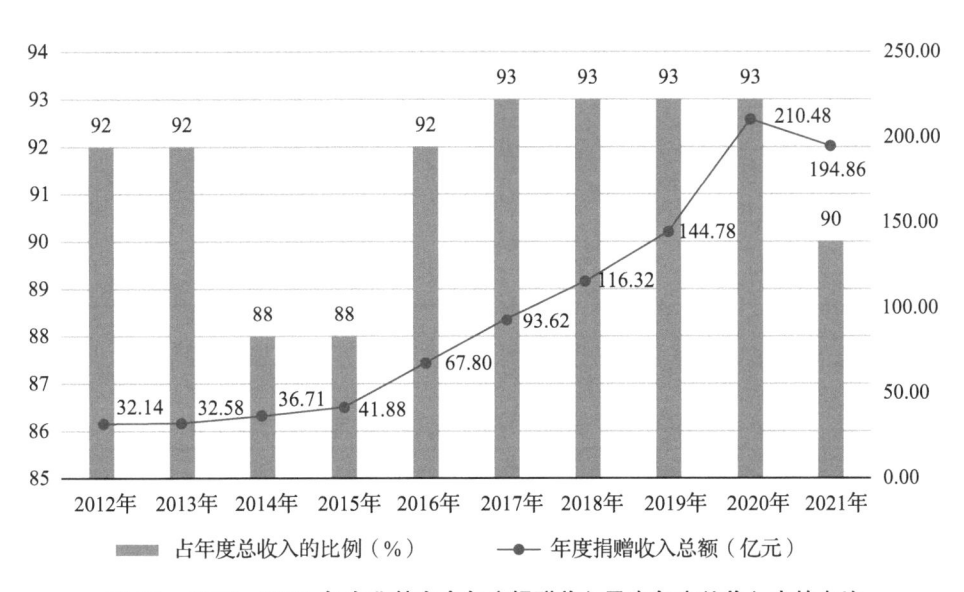

图 32 2012—2021年企业基金会年度捐赠收入及在年度总收入中的占比

2021年捐赠收入排名前二十的企业基金会名单如表8所示。

表8 2021年捐赠收入排名前二十的企业基金会名单

序号	基金会名称	捐赠收入/亿元
1	腾讯公益慈善基金会	15.13
2	广东省国强公益基金会	12.71
3	三峡集团公益基金会	8.70
4	中远海运慈善基金会	8.05
5	阿里巴巴公益基金会	5.50
6	浙江蚂蚁公益基金会	4.23
7	湖南爱眼公益基金会	3.80
8	国家能源集团公益基金会	3.42
9	上海复星公益基金会	3.23
10	北京泰康溢彩公益基金会	3.10
11	山西省吕梁东江扶贫助学基金会	3.00
12	广东省易方达公益基金会	2.81
13	四川省五粮液慈善基金会	2.41
14	深圳市华佑公益基金会	2.28
15	北京百度公益基金会	2.23
16	北京京东公益基金会	2.00
17	江苏沙钢公益基金会	1.80
18	北京字节跳动公益基金会	1.65
19	深圳市龙湖公益基金会	1.60
20	国家电网公益基金会	1.51

2021年企业基金会筹得资金最多的二十个公益项目如表9所示。

表9 2021年企业基金会筹得资金最多的二十个公益项目

序号	项目名称	基金会	年度项目收入/亿元
1	用于广东省扶贫基金会2020年扶贫济困日捐赠	广东省国强公益基金会	3.42
2	扶贫助学	山西省吕梁东江扶贫助学基金会	3.00

续表

序号	项目名称	基金会	年度项目收入/亿元
3	定点帮扶和对口支援	国家能源集团公益基金会	2.60
4	爱眼光明行	湖南爱眼公益基金会	2.48
5	溢彩公卫专项基金	北京泰康溢彩公益基金会	2.25
6	用于清华大学教育基金会专项捐赠	广东省国强公益基金会	2.22
7	宜宾市中心城区幼儿园捐赠项目	四川省五粮液慈善基金会	2.00
8	抗险救灾及灾后重建支持	北京百度公益基金会	1.50
9	水灾	阿里巴巴公益基金会	1.32
10	惠安亮亮中学	惠安县亮亮教育基金会	1.21
11	六合区街镇生活污水提质增效项目	三峡集团公益基金会	1.08
12	用于广东省扶贫基金会2021年扶贫济困日捐赠	广东省国强公益基金会	1.05
13	康爱大病救助	深圳市百年公益基金会	1.04
14	驰援河南水灾	浙江蚂蚁公益基金会	1.00
15	中国正能量网络传播项目	阿里巴巴公益基金会	1.00
16	美团援豫防汛救灾	北京美团公益基金会	1.00
17	滴滴应急救援项目——河南行动	北京滴滴公益基金会	1.00
18	正能量专项基金捐赠	浙江蚂蚁公益基金会	1.00
19	驰援河南	上海波克公益基金会	1.00
20	用于捐助沈阳市于洪区义务教育公益事业	广东省国强公益基金会	0.95

7. 企业基金会的保值增值方式呈现多元化

保值增值是企业基金会发展的重要任务之一。2021年，企业基金会年度投资收益总额占总收入的6%（见图33）。从投资类型来看，313家企业基金会进行了短期投资，84家企业基金会进行了长期股权投资，27家企业基金会进行了长期债券投资；从投资收益来看，388家企业基金会实现了正增长，10家企业基金会为负增长。总体来看，企业基金会的保值增值方式较为多元化。

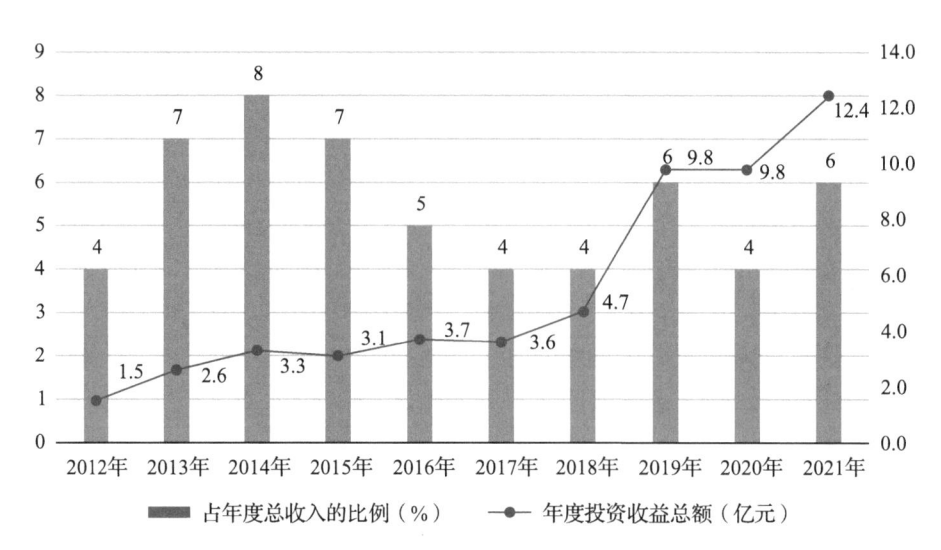

图 33　2012—2021 年企业基金会年度投资收益总额及在总收入中的占比

8. 企业基金会项目支出情况

（1）企业基金会支出呈现稳定增长态势。2012—2021 年，企业基金会年度总支出始终保持稳定增长态势（见图 34），年化增长率为 23.5%。

图 34　2012—2021 年企业基金会年度总支出

（2）公益项目支出是企业基金会最大的支出类型，占比超过九成。从事公益慈善事业是企业基金会设立的初心与目标。通过分析企业基金会的支出可以看到，企业基金会的最大支出就是公益项目支出，占比超九成（见图35）。这充分说明：企业基金会很好地践行了从事公益慈善事业的使命，将更多的资金与资源投入到了公益项目中。

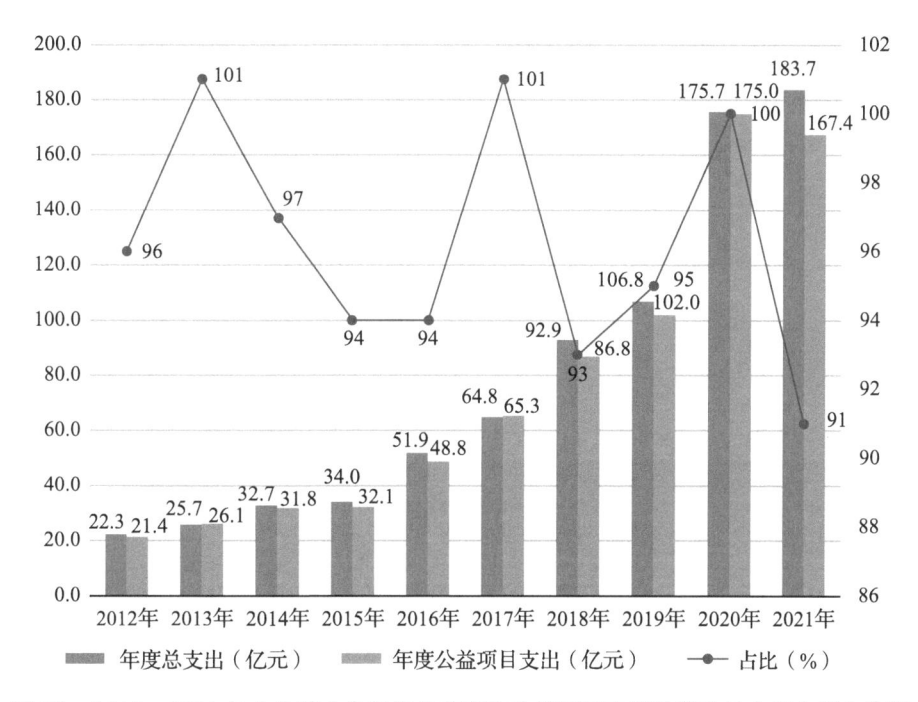

图35 2012—2021年企业基金会年度总支出和公益项目支出及其在总支出中所占比例

（3）企业基金会管理费用和筹款费用占比低于全国基金会整体水平。2021年，企业基金会总支出为183.7亿元，其中业务活动成本占比92.97%，其他费用占比5.32%，管理费用占比1.61%，筹资费用占比0.10%（见图36）。同期，全国基金会管理费用占比2.2%，筹资费用占比0.2%。可以看到，企业基金会的管理费用和筹资费用占比是低于全国基金会整体水平的。

2021年公益项目支出排名前二十的企业基金会名单如表10所示。

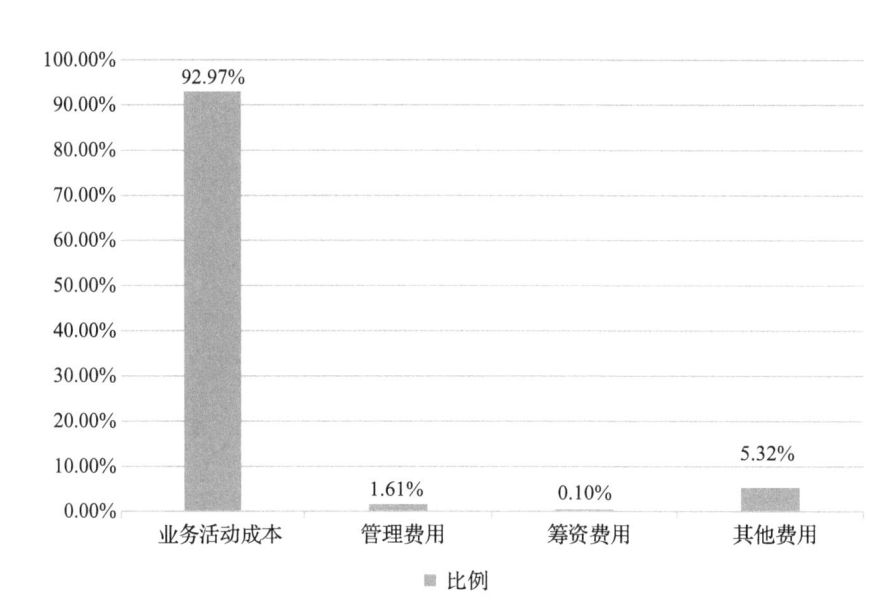

图 36 2021 年企业基金会支出结构

表 10 2021 年公益项目支出排名前二十的企业基金会名单

序号	基金会名称	公益项目支出 / 亿元
1	腾讯公益慈善基金会	15.52
2	广东省国强公益基金会	11.24
3	三峡集团公益基金会	11.23
4	国家能源集团公益基金会	4.90
5	阿里巴巴公益基金会	3.94
6	浙江蚂蚁公益基金会	3.58
7	深圳市华佑公益基金会	2.90
8	北京泰康溢彩公益基金会	2.86
9	浙江嘉行慈善基金会	2.55
10	湖南爱眼公益基金会	2.44
11	杭州市西湖区钟子逸教育基金会	1.96
12	惠安县亮亮教育基金会	1.91
13	中国海油海洋环境与生态保护公益基金会	1.61
14	深圳市龙湖公益基金会	1.57

续表

序号	基金会名称	公益项目支出/亿元
15	国家电网公益基金会	1.51
16	北京字节跳动公益基金会	1.45
17	无锡灵山慈善基金会	1.3389
18	中远海运慈善基金会	1.3386
19	金龙鱼慈善公益基金会	1.3296
20	北京美团公益基金会	1.3293

（五）信息公开

企业基金会掌握着大量的财富与资源，作为非营利组织的一员，信息的公开透明对于企业基金会的合规运营是非常重要的，也是极其必要的，是衡量企业基金会治理水平的主要指标之一。尽管大部分企业基金会是非公募基金会，资金的主要来源是企业而非社会公众，但其所从事的公益慈善事业具有社会性、公共性，需要面向社会公众进行公开透明的信息披露，接受内外部的广泛监督。2023年12月29日通过的《慈善法》修改决定，在第九章"信息公开"部分，对慈善组织的信息披露做出了详细的要求，并提出"国务院民政部门建立健全统一的慈善信息平台，免费提供慈善信息发布服务"。

很多企业基金会逐渐意识到信息公开的重要性与必要性，不仅严格依照政府主管部门的相关政策法规定期发布年度报告，还充分利用各种途径和方式，比如建设网站、开通微博和微信公众号等，主动、及时地向社会公众公布自身运作的公益项目等情况。但是仍有相当一部分企业基金会缺乏对信息披露的正确认识，有些企业基金会甚至没有自己的网站，存在着较为严重的信息披露不主动、不全面等问题，这将严重影响企业基金会的公信力。

1. 仅35.5%的企业基金会开设官网，情况不乐观

从企业基金会网站建设比例来看，根据国内较为权威的基金会透明度评价体系——中基透明指数FTI的观测，截至2022年12月31日，657家被纳

入 FTI2022 观测的企业基金会中，官网建设比例为 35.5%，尚未超过半数。

2. 89.6% 的企业基金会发布年报，年报成为企业基金会信息披露的重要方式

企业基金会年报的发布情况相对较好，截至 2022 年 12 月 31 日，共收集到企业基金会发布的 2021 年度报告 1470 份，发布年报的企业基金会占比达到 89.6%（见图 37），年报成为企业基金会面向社会公众进行信息披露的重要渠道和方式。

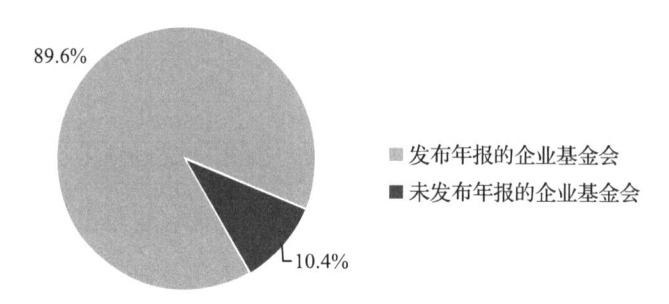

图 37　2022 年企业基金会年报发布情况

五、中国企业基金会透明指数 FTI2023 满分名单

2012 年，基金会中心网[①]联合清华大学廉政与治理研究中心开发了中基透明指数 FTI（Foundation Transparency Index），以此作为反映我国基金会行业自律透明水平的工具性指标。中基透明指数 FTI 在指标设计和迭代过程中参考了《慈善法》《慈善组织信息公开办法》《基金会信息公布办法》《关于规范基金会行为的若干规定（试行）》等多项有关信息公开的法律法规，其内容主要涵盖治理信息、财务信息、项目信息和募捐信息四个方面。观测结果以百分制形式呈现，由基金会中心网每年总体发布一次。通过十多年的追

---

① 基金会中心网由中国青少年发展基金会、中国乡村发展基金会、上海联劝公益基金会、腾讯公益基金会等国内 35 家知名基金会于 2010 年 7 月 8 日联合发起，是一家长期致力于促进基金会更透明有效的平台机构。

踪观测，中基透明指数FTI已获得行业和社会的广泛认同和积极响应，有效促进了行业的信息公开，推动了基金会行业整体的公开、透明发展。

随着基金会行业信息公开水平的提升，FTI指标本身也在不断迭代。FTI始终坚持行业引领性指标的定位，并坚守行业倡导作用。在以往的十年间，中基透明指数FTI经历过五个大版本的迭代。2023年在FTI 5.0版本的基础上进行调整，分为公募、非公募两个版本，公募基金会有48个指标，非公募基金会有42个指标，总分为100分。

截至2023年12月31日，共计有75家企业基金会透明指数为满分（见表11）。

表11 中基透明指数FTI满分的企业基金会名单（排名以拼音为序，不分先后）

序号	基金会名称	序号	基金会名称
1	安徽国祯慈善基金会	19	北京扬帆公益基金会
2	安利公益基金会	20	鄂尔多斯市聚祥公益基金会
3	北京贝壳公益基金会	21	福建省陈章辉福信慈善基金会
4	北京慈海生态环保公益基金会	22	福建省恒申慈善基金会
5	北京慈弘慈善基金会	23	福建省兴业证券慈善基金会
6	北京国珍爱心基金会	24	福建省正荣公益基金会
7	北京宏信公益基金会	25	广东省丹姿慈善基金会
8	北京华宇公益基金会	26	广东省岭南教育慈善基金会
9	北京华樾慈善基金会	27	广东省噢啦慈善基金会
10	北京嘉实公益基金会	28	广东省三棵柚公益基金会
11	北京联想公益基金会	29	广西卡丝爱心扶助慈善基金会
12	北京链家公益基金会	30	广州市信诚公益基金会
13	北京美灵公益基金会	31	国家电网公益基金会
14	北京奇安信公益基金会	32	海南成美慈善基金会
15	北京三一公益基金会	33	杭州市西湖区绿城爱心基金会
16	北京微爱公益基金会	34	湖南爱眼公益基金会
17	北京蔚蓝公益基金会	35	湖南佰骏医疗慈善基金会
18	北京星巴克公益基金会	36	湖南省三诺糖尿病公益基金会

续表

序号	基金会名称	序号	基金会名称
37	宁波鄞州银行公益基金会	57	思利及人公益基金会
38	青山慈善基金会	58	苏州明基友达公益基金会
39	山东省乐安慈孝公益基金会	59	腾讯公益慈善基金会
40	山西省葵花公益基金会	60	天津市凯尔翎公益基金会
41	上海国峯慈善基金会	61	万科公益基金会
42	上海民生艺术基金会	62	无锡灵山慈善基金会
43	上海诺亚公益基金会	63	香江社会救助基金会
44	上海依视路视力健康基金会	64	新华人寿保险公益基金会
45	上海银科公益基金会	65	詹天佑科学技术发展基金会
46	深圳市爱阅公益基金会	66	招商局慈善基金会
47	深圳市关爱行动公益基金会	67	浙江锦江公益基金会
48	深圳市汇洁爱心基金会	68	浙江九阳公益基金会
49	深圳市龙湖公益基金会	69	浙江蚂蚁公益基金会
50	深圳市铭基金公益基金会	70	浙江潘栋民公益基金会
51	深圳市瑞鹏公益基金会	71	浙江正泰公益基金会
52	深圳市拾玉儿童公益基金会	72	浙江众安慈善基金会
53	深圳市欣旺达慈善基金会	73	中兴通讯公益基金会
54	深圳市幸福西饼慈善基金会	74	中远海运慈善基金会
55	深圳市银华公益基金会	75	紫金矿业慈善基金会
56	顺丰公益基金会		

六、中国企业基金会发展亮点

（一）运作模式创新

近年来，在资助型企业基金会和运作型企业基金会之外，一些企业基金会立足于整个公益生态发展的角度，致力于搭建更加广阔的公益平台，带动并引领公益行业的持续成长。在这样的背景下，平台型企业基金会逐渐崭露头角，这一类型的企业基金会不再单一依赖于企业提供的资源，而是通过整合更加多元的行业资源，实现更精准的公益需求对接，达成更有效的合作，既促成了行业生态内更多公益组织的可持续发展，也为社会问题的解决提供了更好的解决方案。

在平台型企业基金会探索的道路上，很多平台型企业有着先天的优势，如阿里巴巴、腾讯等企业成立的基金会都成功地通过自身强大的互联网平台优势，架构起庞大的公益生态圈。基于更好地发现和培育公益行业优质机构、优秀项目、创新方向的意图，阿里巴巴公益基金会依托阿里巴巴公益平台，于2021年推出"XIN益佰计划"，将在3~5年内开放生态，联动优秀的慈善组织去孵化和打造至少100个创新公益项目。截至2023年9月，"XIN益佰计划"筹集善款将近9亿元，共有百余家公益组织的130余个项目完成上线，项目涵盖教育发展、儿童关怀、疾病和灾害救助、环保动保、健康关爱、乡村振兴、扶危济困、老龄关爱八大公益领域。通过在全行业精选战略项目培育规模化公益，培育了众多小而美的公益项目，为共建行业生态做出了贡献。

腾讯公益慈善基金会于2007年联合腾讯公司发起腾讯公益平台，旨在通过全面数字化助力公益机构升级，提升全民公益服务，构建可持续公益生态。截至2022年5月18日，已累计筹款超过180亿元，用户捐款超过6亿人次，帮助逾11万个公益项目筹集资金。自2015年起开展的"腾讯99公益日"活动已成为极具知名度和影响力的全民公益嘉年华活动，不但实现了公益行业内的资源互联，而且有效营造了全民公益氛围，有力推动了公益领域的创新发展。

无锡灵山慈善基金会自成立之初想要实现的就不只是一个机构、一个平台的发展，而是希望能带动更多机构一起抓住时代机遇，打造一个共同参与、共建共享的公益平台。为了让更多个人或企业拥有自己的"公益基地"，无锡灵山慈善基金会发起"邻家公益计划"，个人、家庭、机构、企业均可以加入，并发起设立"专项公益基金"，以此为平台，凝聚家庭成员、亲友和社会各界的力量，组建邻家公益社群，推动邻家公益项目，实现美好改变。无锡灵山慈善基金会还与金百临慈善基金会组建"邻家公益计划秘书处"，为每个专项公益基金提供一对一的全方位服务，为邻家公益社群提供交流与协作服务。此外，无锡灵山慈善基金会还推出"社区公益基金"模式，通过链接本地资源、动员多元力量参与，为社区提供精准慈善服务，推动慈善力量深入社区、扎根社区、贡献社区，为慈善力量参与基层社会治理探索新路径。

（二）项目实践创新

与大多数公募型基金会相比，企业基金会具有更加灵活的运作机制、更加稳定的项目资金、更加丰富的品牌资源、更加多元的合作伙伴、更加充沛的人才支持等公益优势。这些优势让企业基金会往往更容易走在公益项目创新的前沿，能更有效率地开展富有创造性并具有广泛影响力的创新实践。

山西省娴院慈善基金会从公益慈善传播的创新角度出发，打造了极富特色的《娴院演讲》公益项目。项目以公益慈善组织、慈善人士和需求者的意愿为出发点，搭建资助者与需求者之间的桥梁，为公益慈善从业者提供了一个分享经验与感受的交流平台，实现了慈善家、公益人士与需求者之间的直接有效对接，达到了"做有效率的慈善"的目的。同时，项目还将演讲内容进行剪辑编辑，在多个自媒体视频平台和音频平台播出，内容涵盖公益、教育、法律、文化、环保等十余类主题。通过以现代媒体的方式做公益，将公益慈善文化思想的价值和影响最大化，提升了慈善的效率，扩大了公益的社会影响力。

北京泰康溢彩公益基金会深耕养老公益，为解决社区居家养老服务"最后一公里"的难题，于2021年联合北京师范大学中国公益研究院、北航社区居委会发起创建单位社区智慧养联体。养联体以社区党政为主导，以老年人需求为导向，以信息化管理为平台，链接政府、学校、社区、公益、市场等多方资源，搭建起覆盖衣食住行、医养娱教的一站式为老服务体系。北航养联体的模式得到了社区老人的一致认可，也引发了社会的广泛关注。目前，更多的试点工作正在持续推进，未来将有更多老人享受到优质的居家养老服务。

（三）技术运用创新

随着数字化时代的到来，公益慈善事业迎来了更为广阔的发展空间。越来越多的企业基金会充分把握时代机遇，坚持守正创新，将互联网、大数据、云计算、人工智能、区块链等技术手段创造性地应用于公益项目的组织、执行、传播等各个流程中，以数字技术打破时间与空间的桎梏，以数字技术搭建共享机制，以数字技术更好地链接社会需求，以创新的解决方式和实现途径，助力解决更多社会问题。

阿里巴巴公益基金会将数字技术引入乡村，为乡村发展注入更多生机与活力。从乡村振兴特派员到乡村振兴技术官，阿里巴巴公益基金会紧紧围绕送技术下乡的核心，以数字技术助力乡村产业振兴、人才振兴、文化振兴，并发起田野文物保护、农产品溯源、数字治理、数智文旅、种植养殖等领域的十余个公益科技项目，助力乡村实现全方位振兴。

北京字节跳动公益基金会在移动网络传播和数字技术应用于公益项目方面也进行了诸多尝试。抖音基于平台数字化技术能力积极进行非遗文化保护，开放共享非遗和古籍资源，以视频、直播、图文等多元形式，传播非遗和古籍内容，让传统文化在数字化技术的帮助下重新以更加鲜活的形式绽放光彩，倡导公众参与到传统文化的保护与传承中来。

七、中国企业基金会发展难题

据 2023 年国家市场监督管理总局一季度例行新闻发布会披露的消息，

截至 2022 年底，全国登记在册的企业数量达到了 5282.6 万户。同期，全国企业基金会的数量为 1850 家，发起企业基金会的企业占比仅为 0.004%，企业基金会数量整体偏少。

当前，国家鼓励通过第三次分配助推共同富裕目标的实现，号召高收入群体投入民众救助等慈善事业中去。企业作为第三次分配的重要力量，应当在其中发挥关键作用，而成立企业基金会就是一种有力有效开展战略性慈善的责任实践，能够更好地调动企业拥有的各种公益资源，更加系统、更有规划地开展慈善活动。但目前企业设立基金会的意识还相对不足，企业基金会整体数量较少，同时在发展中也暴露出一些现实问题，影响了企业基金会的规模化发展，不利于企业基金会充分履行社会责任、推动共同富裕作用的发挥。

（一）缺少相关制度保障，政策推动力度有限

尽管企业基金会是推动企业参与公益慈善的有效方式，但是从国家政策层面来看，我国并没有对企业基金会制定专门的政策与制度来进行统筹推进，即便是从整个基金会行业来看，相关的法律法规也是不够充分、不够完善的。我国对基金会的管理体制是从 20 世纪 80 年代开始逐步建立起来的。1988 年国务院颁布《基金会管理办法》，规范了基金会的审批登记、监督管理以及基金会的活动。1995 年，中国人民银行发出《关于进一步加强基金会管理的通知》，对基金会设立、审批、基金管理、接受捐赠、监督等方面进行了进一步完善。2004 年《基金会管理条例》出台，确定了公募基金会和非公募基金会分类管理的原则，企业基金会得以实现较快的发展。但条例相对于法律来说，缺乏法理依据与强制约束。虽然 2016 年《慈善法》正式施行，成为慈善制度建设的基础性、综合性法律，但对基金会、企业基金会发展的针对性不强。而 2024 年 9 月 5 日起施行的新修改的《慈善法》，其主要修改方向也不是企业基金会，对于企业基金会的发展助力有限。

国际上，基金会发展比较好的国家都有着健全的法律制度作为保障。以德国为例，《德国民法典》以专章的形式对民间社团和基金会的权责进行了基本规定，其中80条至89条是对基金会设立及运作的具体要求。同时，基金会隶属各联邦州管理，各州都制定有相应的基金会法。而我国还没有专门关于基金会的全面性、统领性的法律制度，对于企业基金会的发展来说，政策推动力度远远不够。

（二）缺乏行业交流平台，无法汇聚发展合力

企业基金会的发展需要行业组织的推动与促进，行业协会或团体联合会的成立，可以有效推动行业内部成员之间的互律与互动。但目前企业基金会行业缺少权威的行业协会组织，在行业层面没有一个可供大家开展横向交流与纵向自律的平台。

同时，国内致力于搭建行业学习与交流平台的行业机构也少之又少，做得相对较好的是中国基金会发展论坛以及基金会中心网，他们定期通过组织年会、沙龙以及发布基金会透明指数等方式推动行业共建共享，但仅有这两家是远远不够的，其组织开展的交流活动无论是次数还是规模都是有限的，且活动多着眼于基金会的整体层面，并没有将企业基金会作为主要议题进行推进。这就导致企业基金会对很多好的经验与技术无法进行及时有效的分享与学习，无法实现知识共享，无法整合经验实现协同推动。因此，公益研究的落后和公益知识的短缺，已经成为制约中国企业基金会高质量发展的重要因素。

（三）人员年龄整体偏大，全职人员严重不足

企业基金会全职员工平均年龄41.6岁，最高年龄90岁，整体年龄偏大，反映出企业基金会在吸引优秀的年轻员工方面存在困境。而整体年龄偏大也会在一定程度上影响工作效率与创新性，不利于行业的发展。

同时，企业基金会全职员工的数量也较为不足。截至2021年12月31

日，1225家企业基金会的全职员工平均人数为3.2人。而一家企业基金会的正常运行，需要筹款人员、项目管理人员、财务人员、资产管理人员、法律人员等，显然按照目前的人员规模，无法实现清晰、专业化的内部分工，基金会只能一人身兼多职，有的基金会可能存在岗位设置空缺等问题。专业化人才和专业化分工的缺失将直接导致企业基金会在公益项目设计、开展、评估等环节的管理不够精细、专业，进而影响到企业基金会的公益效能。

（四）头部化情况较严重，整体发展不容乐观

截至2021年12月31日，在披露了相关情况的1467家企业基金会中，净资产未超过1亿元的中小型企业基金会达1399家，在企业基金会中的数量占比为95%，但净资产总额占比仅为32%；净资产超过1亿元的大型企业基金会数量很少，只有68家，在企业基金会中的数量占比为5%，但净资产总额占比却达到了68%。这意味着，越大型的企业基金会往往也拥有更雄厚的资金支持、更丰富的公益资源，而一些中小型的企业基金会能获取的捐赠和公益资源则相对较少。

特别是在外部经济环境相对欠佳的情况下，部分中小型企业基金会生存压力较大，企业不能持续注资，再加上在基金会运营方面的经验不足，有的企业基金会面临运营危机，不得不选择注销。目前，中小型企业基金会的数量最多，在企业基金会中占比为95%。因此，帮助中小型企业基金会提升运营效能、实现健康发展应当是行业重点关注的问题之一。

（五）资金获取渠道单一，过于依赖企业捐款

对于企业基金会来说，与发起企业之间的关系往往是有利也有弊的。有利的是，企业能够为基金会的发展提供稳定的资金资助以及丰富的人才、技术、项目、管理经验等优势资源；而弊端则在于，企业基金会对企业的捐赠和资源存在较大的依赖性，企业基金会在确定基金会的使命、价值观，规划基金会的公益领域和具体的项目执行等层面，都会受到企业文化和企业社会责任理念的影响。这在企业基金会的发展初期可能会产生积极的推动作用，但是随着企业基金会的逐步发展壮大，对于企业的过度依赖将严重制约企业基金会的独立性，进而影响企业基金会的进一步发展。

根据基金会中心网提供的相关数据，2021年企业基金会捐赠收入占比91.3%，投资收益则仅为5.75%，其他如提供服务收入、政府补助收入等的占比更是微乎其微，都不到1%。由此可见，企业基金会对于企业捐赠存在较大的依赖性，投资收益较低，资金获取的方式非常单一，不利于企业基金会的可持续发展。

（六）决策治理不够独立，难以实现自主发展

企业基金会的理事长、理事会成员、秘书长等职位多由企业高管或企业退休高管来担任或兼任，这就导致企业基金会在进行公益决策时会在很大程度上受到企业的影响与干预，很难保持独立性。从企业基金会全职人员的工资情况来看，2021年年报的统计显示，1020家企业基金会全职人员的年人均工资为"0"，而造成这一现象的最主要原因，应当归结为企业基金会的全职人员工资由企业发放，而不是由企业基金会发放。无论是企业基金会的治理人员还是执行人员，都与企业有着非常紧密的联系，这极大地制约了企业基金会独立发展的能力与主动性。部分企业将企业基金会视为企业部门，将其作为营销平台，将公益行为变为公关作秀，盲目追求社会轰动效应，以提升企业知名度等。

（七）内部监督机制薄弱，不能形成有力约束

企业基金会内部管理层的权力较为分离，理事会具有决策权，秘书长具有管理权，监事具有监督权，相互之间没有有效的监督机制。虽然根据《基金会管理条例》的规定，监事会享有检查财务和会计资料、监督理事会遵

守法律和章程情况等方面的权力，但实际上，由于企业基金会的理事、秘书长、监事通常都来自发起设立基金会的企业，所以都存在着被企业左右的风险，从而导致监事在监督理事会和秘书长的行为时会产生一定顾虑，难以真正行使监督职能。

（八）信息披露水平不高，社会公信力有待提升

由于企业基金会由企业发起成立，捐赠资金大多源自设立企业，而不是像公募基金会那样，由社会多方出资设立，开展的公益项目也是基于社会大众的捐款，因此部分企业基金会存在一定的思维误区，认为没有向社会公众进行信息公开的义务，尤其是关于企业基金会的组织章程、财务报告、人事变动等重要信息，向公众进行披露、接受公众监督的意识不强。

截至2022年12月31日，被纳入FTI2022观测的657家企业基金会的官网建设比例为35.5%，还未超过半数；从企业基金会年报的发布情况来看，基金会中心网共收集到1470家企业基金会发布的年度报告，占企业基金会总量的89.6%。根据《慈善法》《慈善组织信息公开办法》《基金会管理条例》等法律法规的要求，年报是基金会必须向监管部门递交的检查资料和接受公众监督的公开资料，那么从严格意义上来说，还有10.4%的企业基金会没有遵守相关法律法规的要求来履行信息披露义务。这将直接影响公众对企业基金会的信任度。同时年报的披露信息要求不具体，很多年报的披露信息较少，差别也比较大，整体披露质量不高，不利于建立良好的社会公信力。

（九）项目呈同质化趋势，创新发展能力不足

从2021年企业基金会的项目数据来看，企业基金会的投入方向集中在教育、乡村振兴、公共服务等传统领域，在环境、科学研究、文化、卫生保健等领域的投入占比都未超过5%，对于艺术文化、政策倡导、行业推动等非公众性的公益领域则关注更低、投入更少。而在传统领域里，企业基金会

的项目又呈现同质化趋势，很多项目大同小异，因此难以打造品牌性的企业基金会项目。

在项目创新方式维度，比如资助行业平台建设、数字化建设、行业人才建设等方面，企业基金会较少选择。但仍有企业基金会敢为人先，进行了创新探索，并取得了较好的成果。比如腾讯公益慈善基金会发起数字工具箱项目，面向在中国内地（大陆）依法注册或登记的社会团体、社会服务机构、基金会等社会组织，普通高等学校、科研院所等事业单位开放免费申领，并配合专业志愿顾问组合，帮助公益组织更便捷地使用数字工具，赋能公益组织更快更好地发展。2023年5月，该项目全面升级，针对公益组织数字化转型中的共性需求与实际问题，上线行业数字化服务专区，由多家公益SaaS企业提供服务，首批入驻14项数字工具，为公益组织提供助学管理系统、项目管理系统、捐赠系统等产品与服务。但整体来看，企业基金会在公益实践上还是存在着项目同质化严重、欠缺开拓与创新意识的问题。

（十）外部监管严重不足，缺乏竞争淘汰机制

良性的竞争环境有利于推动行业的发展，倒逼企业基金会提升质量。目前，企业基金会面临"注册难，监管弱"的外部环境，注册后只要满足"每年用于从事章程规定的公益事业支出，不得低于上一年基金余额的8%"，以及定期披露没有"严格标准"的年报就可以通过年检。大量的企业基金会实际上是在勉强维持运营，甚至成为"僵尸基金会"。此次调研发现，有412家企业基金会未参与评级，占比47.3%。获得3A及以上评级的企业基金会是可以享有公益性捐赠税前扣除资格的，但对于小型企业基金会来说，要想获得3A及以上评级需要投入较多的人力、物力和财力，而可减免的金额却是非常有限的。因此，很多小型企业基金会直接放弃评级，比例接近50%。可见，现阶段企业基金会行业内部基本没有竞争压力，无法实现优胜劣汰。

而由于"注册难"，企业基金会本身又是一种"稀缺资源"，大量的"僵

尸基金会"不愿意注销，在存量企业基金会中占据了一定的份额，但又不能发挥应有的公益作用与影响力，这就导致企业基金会的整体数量看似不少，但实际的公益效能却不高，影响了行业的整体表现。

八、中国企业基金会发展建议

（一）政府助力，为企业基金会吹送政策东风

1. 抓紧落实政策保障，依法规范助推发展

在《慈善法》颁布后，我国没有再出台关于基金会运作管理的相关政策制度，而且对于企业基金会也缺少更具针对性、更有差异化、更具实操性的法律规范，因此企业基金会的发展迫切需要更有力的政策支撑。建议政府端从政策层面健全、规范关于企业基金会的管理制度与指引，助力企业基金会进一步成长。

政府应当根据现阶段新的发展形势和需要，抓紧完善相关法律法规以及企业基金会登记和监管制度。加强对企业基金会内部决策机制、税收调整机制、信用评价机制、问责机制等基本制度的监督，完善相应的法律责任设置，不断创新对企业基金会等社会组织的管理理念，将各项支持举措落到实处，并推动各地政府因地制宜，结合本地特色与工作实际进行多方探索、广泛创新。同时，政府和监管机构也应当大力推动企业基金会行业规范等自律性制度体系的建立健全。

2. 适时推动信息披露立法，加大监督惩治力度

当前尤为重要的是要加大对企业基金会信息披露的监管力度。我国还没有针对基金会信息披露进行立法，只是在《基金会信息公布办法》中规定，应向社会公布基金会、境外基金会代表机构的年度工作报告，公募基金会组织募捐活动的信息，基金会开展公益资助项目的信息。对于非公募基金会的信息披露要求要低于对公募基金会的要求，而且信息披露的整体要求是非常

宽泛的，对于披露的具体内容并没有做出更进一步的说明，很容易导致某些基金会在信息披露的过程中避重就轻、有所粉饰。在《基金会管理条例》中，规定基金会"未按照本条例的规定接受年度检查，或者年度检查不合格的""不履行信息公布义务或者公布虚假信息的"，将由登记管理机关给予警告、责令停止活动，情节严重的，可以撤销登记。在缺少信息披露刚性要求的情况下，对于基金会的相关惩治措施也是相对无力的，无法产生应有的警示效果。因此，应当从根本着手，加强对基金会的法律监管。

（二）行业聚力，为企业基金会打造共建平台

1. 组织进行理论研究，引领公益实践创新

理论研究对于任何行业的发展都是至关重要的。企业基金会在我国的发展时间并不长，相关的理论研究成果也较少。企业基金会的主管机构、监管机构，相关的行业组织等都应当积极行动起来，组织研究机构和专家学者，在国外相关研究的基础上，立足中国企业基金会的发展实践，构建更具中国特色的企业基金会发展理论，总结梳理中国企业基金会的典型发展案例及模式，挖掘成功的关键要素及可复制性，为后来者提供有益的参考与借鉴；同时研究中国企业基金会存在的问题，并给出解决问题的创新方案，为中国企业基金会的未来发展提供具有实际意义的建议，为政府部门制定政策提供理论依据，引领行业深入前行。

2. 组织开展交流互鉴，实现共商共建共享

行业要实现发展，必须凝聚起来，进行广泛的学习交流与合作互鉴，为企业基金会的发展搭建共商共建共享的开放平台，让资源在整个行业有效流转起来。只有大家合作共赢，才能实现更好的发展。可以组织专门针对企业基金会的行业交流及评选表彰活动，鼓励各种创新理念和创新实践的学习与互鉴，遴选管理优异、成果卓著的发展典型，这既能够将企业基金会的典型经验与案例进行广泛的传播与推广，也可以鼓舞和激励广大企业基金会更好

地赋能行业，推动更多企业基金会的高质量发展。

与此同时，行业相关组织还应当自觉成为企业基金会与政府、公众之间联络的桥梁，将企业基金会的发展诉求及发展成果反映至政府层面，促进政府、社会公众对企业基金会的了解，寻求更多来自各方的支持与认同，提升企业基金会的社会形象。

3. 组织系统学习培训，提升专业能力水平

缺乏专业人才已经成为制约企业基金会发展的一个重要因素。行业协会组织应当积极承担责任，推动行业内专业人才的培养培训。可以与各高校合作，增设公益相关专业，同时为相关专业的学生提供充分的实习机会，培养更多后备有生力量；可以推动制定行业技能标准，开展从业资格认定，并为从业人员提供系统化培训，全力帮助企业基金会现有的工作人员提升管理与实践能力，实现行业专业人才培养的科学化、规范化、体系化，赋能人才、赋能行业。

（三）自身发力，为企业基金会蓄满发展动能

1. 真正落实"独立"属性，避免成为企业附庸

企业基金会"脱胎于"发起设立的企业，其公益理念在一定程度上与企业文化、价值观及愿景密不可分，公益规划与实践也主要依托于企业提供的原始资金及后续的持续资助。因此，企业基金会与企业之间存在着天然的密切联系。但是，企业基金会又是一个独立法人，具有非营利组织的特性，可以在适当的范围内接受企业的合理监督，实现企业的公益慈善意愿，但绝对不能丧失企业基金会的独立性，成为企业的附庸。

要想保持住企业基金会的独立性，就一定要优化内部治理，规范组织机构建设，厘清企业基金会与企业之间的权责界限，避免出现因企业过度监督、过度干预而影响企业基金会独立健康发展的情况。在保持独立性的努力中，企业基金会一定要把握好一个度，既要保证自身的公益性与公共性，避

免由于企业干涉而影响企业基金会运作和发展的情况出现，也不能彻底割裂与企业之间的关系，要切实保障企业的捐赠资金用到了实处，实现企业的公益慈善意愿。

企业基金会要想保持独立性，就必须从治理层和执行层着手，实现内部治理和人员任用的独立化和专业化。首先，企业应当严格遵照《基金会管理条例》，建立健全理事会、监事（会）和秘书长等组织机构，明确各方的权利与义务。在此需要注意的是，为了真正实现三方相互支撑、相互监督机制的顺利运行，企业基金会应当尽量降低企业高管在基金会管理层兼职的比例，转而向社会进行公开招聘，让公益慈善、资产管理等领域的专业人士成为基金会的理事、监事及秘书长，用专业的人干专业的事。其次，理事会是企业基金会的决策机构，是企业基金会开展治理活动的核心。监事（会）是企业基金会的监督机构，是对理事会进行监督和制衡、确保企业基金会合法合规开展活动的关键。企业基金会可以参考企业治理中设立独立董事以增强董事会独立性与专业性的有效经验，在基金会的治理中引入独立理事及独立监事，增强理事会、监事会的客观性、独立性，确保企业基金会的决策科学、客观、专业、公正。最后，在全职人员的选任方面，也应当秉承独立自主的原则，根据基金会的实际岗位需要，选聘具有公益慈善相关专业知识及实践经验的社会人才，并为员工提供广阔的发展空间和具有竞争力的福利待遇，充分调动员工干事创业的主动性，提升企业基金会的发展水平。

2. 增强自身"造血"能力，获得更大发展空间

企业基金会作为慈善组织，拥有充足、稳定的资金捐助无疑是非常重要的一件事。一般来说，发起设立基金会的企业都会进行持续的捐助。从前文数据可知，2021年，企业基金会的捐赠收入占比91.3%，投资收益、提供服务收入、政府补助收入等其他收入仅占比8.7%。企业捐赠在企业基金会的年度收入中占据着绝对地位。但单纯依赖发起企业的捐助并不利于企业基金会的独立发展。因此，广大企业基金会应当尽可能地拓展资金来源，从单纯依赖发起企业"输血"转向培育自身的"造血"能力。

一方面，虽然大部分企业基金会是私募基金会，不能直接面向社会公众进行筹款，但仍然可以基于自身掌握的社会资源进行定向的动员与募捐。企业基金会可以通过对市场、组织资源、组织使命进行科学的分析与评估，制定合理的营销计划和筹资规划，开展公益营销，拉动责任投资，与更多有公益意愿的伙伴建立互利双赢的长期合作关系，提高组织效率，实现公益效能的最大化。同时，也鼓励广大企业基金会在满足条件的情况下积极主动申请公开募捐资格，通过更多样的募捐方式，面向更广阔的募捐对象开展募捐活动。而暂时不具备公募资格申请条件的企业基金会，也可以通过与公募基金会合作开展社会募捐的方式来获取公益资金，为企业基金会的公益项目推进提供充沛的"粮草弹药"。

另一方面，企业基金会可以充分利用自身拥有的在市场运作方面的优势资源，引入专业的资产管理人员对企业基金会的已有资金进行管理。在严格遵守《慈善组织保值增值投资活动管理暂行办法》规定的投资范围及相关要求的前提下，可以通过各种投资组合和资金运营手段，实现企业基金会资产的保值增值，进一步拓展除企业捐赠外其他可行的资金来源渠道，例如银行存款、投资国债、投资其他有价债券等。《慈善法》也规定了慈善组织可以采取信托的方式，实现资产的保值增值。投资所得将为企业基金会提供更多公益服务、解决更多社会问题、打造更专业的人员队伍创造更大的可能性。当然特别要注意的是，企业基金会在进行资产保值增值的过程中，务必要将资产的安全性放在首要位置，最大限度地控制投资风险，并要确保投资产生的所有利润用于企业基金会的进一步发展，将每一分钱都合法合规地用到正确的地方。

3. 踊跃担当"创新"责任，引领推动行业进步

随着经济社会的不断发展，社会需求也发生着新的变化，人民群众对于物质生活、精神生活都有着更高的期待，传统的基础型、实业型公益活动已经不能满足所有的社会需求，艺术文化、政策倡导、行业推动等非公众性的公益领域也应当为广大慈善公益组织所重视。但就现状来说，非公众性的公益领域发展相对较慢，投入也较少。一方面，这类型的公益活动往往需要更高的专业知识和技能，需要投入更多的时间和资源；另一方面，这类型的公益活动往往公众关注度和社会认可度不高，与常规项目相比很难产生公益传播效应，因此往往面临着很多挑战和困难。

对于公募基金会来说，由于资金来自公众捐款，因此很难冒着一定风险去做一些具有开拓性、试错性的尝试。而对于企业基金会来说，本身具有一定的机制及资源优势，有着稳定的资金支持，有能力在公益实践方面进行更具创新性和引领性的开拓，也有义务承担起推动公益事业创新发展的艰巨使命，为社会问题的解决提供源源不断的新思路与新方法。

国际上很多企业基金会已经迈出了创新步伐，并取得了很好的成绩。例如，谷歌公益基金会设立"挑战者项目"，通过向非营利组织提供资金和资源支持，鼓励他们提出创新性的解决方案来解决社会问题，目前已在多个领域推动了许多具有创新性的公益项目。耐克基金会推出"耐克艺术与创新计划"，与艺术家、教育机构和社区合作，通过提供艺术教育、培训和资源支持，帮助青少年发展艺术才能和创新思维，打造青少年领导力与创造力。国内一些规模和影响力较大的企业基金会也进行了相关的创新尝试。例如，阿里巴巴公益基金会开展"乡村教育振兴计划"，与教育机构和政府合作，通过政策倡导和项目支持，推动农村教育政策的改革和落地，提升农村学校的教育质量和师资水平。中国平安公益基金会发起"交通安全倡导项目"，通过政策研究和宣传活动，推动交通安全政策的制定和执行，提供交通安全教育和培训，倡导公众遵守交通规则和安全驾驶，增强全民交通安全意识，减少交通事故的发生。腾讯公益慈善基金会设立"腾讯公益创新基金"，旨在支持具有创新性的公益项目，通过提供资金和资源支持，鼓励社会创新力量解决更多社会问题。

国内的企业基金会应当在立足中国发展现状的基础上，拥有更加国际化的发展视野，加强与国内外优秀企业基金会的交流学习与公益合作，在多维度、多领域尝试开展更具引领性和创造性的公益实践活动，有效推动各领域的发展与创新，解决更广泛的社会问题。同时也可以通过不同领域公益项目之间的相互支持与协调，产生公益联动效应，聚合成更大的社会影响力，推动社会整体发展。

4. 充分利用"评估"抓手，以评促建规范发展

2010年12月20日，《社会组织评估管理办法》经民政部部务会议通过后予以公布，并于2011年3月1日起正式施行。社会组织评估是指"各级人民政府民政部门为依法实施社会组织监督管理职责，促进社会组织健康发展，依照规范的方法和程序，由评估机构根据评估标准，对社会组织进行客观、全面的评估，并作出评估等级结论"。其中，对于基金会这类社会组织实行综合评估，评估内容包括基础条件、内部治理、工作绩效和社会评价，各地可以依据管理办法，结合实际情况，制定相应的评估指标。评估结果分为五个等级，由高到低分别为5A、4A、3A、2A、1A。

因为等级评估并非强制性要求，所以相当一部分企业基金会尚未参与等级评估。根据企业基金会在2021年年报中自行填报的数据，共计871家企业基金会披露了等级评定的情况，其中：5A级企业基金会57家，占比6.5%；4A级企业基金会134家，占比15.4%；3A级企业基金会237家，占比27.2%；3A级以下企业基金会31家，占比3.6%；未参评企业基金会412家，占比47.3%，接近披露企业的二分之一。

虽然等级评估并非必选项，但等级评估本身对于企业基金会的自身运营与健康发展都有着重要意义。一是参加等级评估且评估等级在3A及以上的企业基金会可以获得公益性捐赠税前扣除资格；二是获得3A及以上评估等级可以优先接受政府职能转移，获得政府购买服务，得到政府奖励；三是参加等级评估可以系统梳理企业基金会的工作，促进内部治理规范化，加强自我能力建设；四是等级评估作为一种官方的背书认定，可以树立企业基金会可信赖的社会形象，有助于企业基金会更好地吸纳资源，打造企业基金会的品牌形象与社会公信力，对于企业基金会的公益布局与公益实践都有着非常大的推动作用。因此，企业基金会应当以更加积极、更为开放的态度参与等级评估，梳理自身在党建、内部治理、业务开展、诚信建设、队伍建设等方面的进展，及时总结经验教训，及时洞察潜在风险，以评促建，对企业基金会的日常管理和公益实践进行持续的完善与改进。

5. 着力打造"阳光"信披，赢得公众普遍信赖

信息的公开透明是公益事业和公益组织的生命力所在。要想获得更多的信任，建立起企业基金会的公信力，扩大信息披露的范围、细化信息披露的颗粒度、实现企业基金会信息披露透明化势在必行。

首先，企业基金会应当树立对信息披露的正确认识，提升自身进行信息披露的主观能动性。企业基金会要进一步增强自身的公共意识与责任意识，认识到企业基金会与社会公众之间的关系，意识到来自外部的监督有助于企业基金会的工作更加专业化、更加合规、更加有效率，对于企业基金会实现可持续发展是非常必要也是极其重要的，从而自觉主动地进行信息披露，并逐步提高信息披露的质量与透明度。其次，应建立起内部的信息披露制度及流程规范，将信息披露工作真正放到企业基金会的重点推进任务中，确定披露内容、披露方式、披露频率、责任人等。最后，应建立健全信息披露载体，加强并完善对企业基金会官方网站、公众号、视频号、微博等披露渠道的建设，充分利用互联网的信息传递优势，打好"定期发布＋实时公示"的信披"组合拳"，真正做到"阳光"运营、"阳光"信披。

6. 重点探索"品牌"建设，升级释放公益价值

参加公益慈善事业是企业基金会的初心与目标，品牌公益项目则是企业基金会公益探索的珍贵成果，代表着企业基金会的形象、影响力和凝聚力。企业基金会发展到一定阶段，品牌化是必经之路。一个好的企业基金会一般

都有成熟的品牌公益项目。企业基金会的品牌化发展，不但可以对内强韧治理，而且能够对外扩大影响力，获取更为丰富的慈善资源，更好地达成公益目标，实现更高的公益价值。

首先，品牌建设决不能成为空中楼阁，必须脚踏实地，建立在稳固坚实的内部治理之上。企业基金会应当持续强化治理规范性、管理科学性、人员专业性等方面，为品牌建设打造发展沃土。其次，企业基金会的品牌化发展要以品牌公益项目为核心。企业基金会要围绕自身的优势资源，拥抱新时代新任务，善用新技术新手段，打造能够真正解决社会问题、造福一方社会群体、赢得广泛公众认可的品牌公益项目。最后，企业基金会要从根本上增强品牌建设的意识，条件成熟的可以成立专门的品牌部门，统筹整体的品牌发展规划，推进具体的品牌建设工作，尤其要重视对外的品牌传播工作，完善传递公益信息的渠道与形式，向公众传递善意与爱心，带动更多人参与公益事业；同时，注重对品牌项目的复盘评估、模式总结与扩散，广泛参与行业内的学习、交流、研究等各项活动，积极发声，打造影响力。

参考文献

［1］陈钢，李维安.企业基金会及其治理：研究进展和未来展望［J］.外国经济与管理，2016，38（6）：21-37.

［2］陈钢.企业基金会特殊性与治理机制有效性研究［D］.大连：东北财经大学，2017.

［3］褚湛.论我国企业基金会管理体制的建构［J］.现代管理科学，2017（8）：112-114.

［4］高功敬.中国非公募基金会发展现状、困境及政策思路［J］.济南大学学报（社会科学版），2012，22（3）：63-71.

［5］高瞻.中美非营利组织比较研究［D］.北京：外交学院，2014.

［6］宫千千.企业基金会治理机制：一个综合研究［D］.大连：东北财经大学，2017.

［7］李新天，易海辉.公益慈善中的代理问题及其治理——以企业基金会为视角［J］.浙江工商大学学报，2015（4）：46-54.

［8］李政辉.论非公募基金会的基本矛盾、成因与应对［J］.法治研究，2014（12）：72-83.

［9］刘忠祥.中国基金会发展报告（2013）［M］.北京：社会科学文献出版社，2014.

［10］倪国爱，程昔武.非营利组织信息披露机制的理论框架研究［J］.会计之友（中旬刊），2009（4）：11-14.

［11］沈慎，阳慧颖.企业基金会：期待将企业特长与公益专业性结合起来［J］.中国社会组织，2014（13）：13-15.

［12］孙茂骥.我国非公募基金会发展对策研究［D］.北京：中国石油大学，2010.

［13］吴茜.企业基金会适应《慈善法》问题研究［D］.武汉：中南民族大学，2018.

［14］谢自立.企业基金会设立监管法律制度研究［D］.武汉：中南民族大学，2018.

［15］许睿谦，王超.中国企业基金会的发展促因研究——基于战略慈善视角的事件史分析［J］.中国非营利评论，2022，29（1）：1-21.

文献篇

一、国外企业基金会文献综述

（一）国外基金会的研究背景

随着全球慈善事业的兴起和许多国家基金会的强劲增长，学术界对慈善基金会有了更多关注，尽管这种关注是被动的（Anheier，2018）。企业慈善与慈善的一般定义一致，包括对社会和慈善事业的自愿资金捐助、实物捐赠和时间捐赠（即企业志愿服务和企业捐赠）（Gautier 和 Pache，2015；Liket 和 Simaens，2015）。一些公司在内部组织企业慈善活动，另一些公司则成立企业基金会，以长期承诺的方式正式开展相关慈善活动。

尽管我们对企业慈善事业有了更深入的了解，但迄今为止，我们却忽视了企业基金会作为中介组织在这一新兴领域为企业捐赠提供便利的作用。企业基金会往往通过其名称、资金、受托人、管理和潜在的员工参与与创始公司联系在一起（Westhues 和 Einwiller，2006）。随着这些基金会在数量、规模和重要性（Rey-García 等，2012）上的不断增长，它们在慈善领域也变得越来越引人注目。企业基金会在许多方面都具有特殊性。它们处于商业部门和公民社会之间，与这两个部门都有共性。与捐赠型基金会不同的是，它们通常没有捐赠基金，但每年接受一个主要捐赠者的捐款，即母公司。创始人是一个法律实体，可以对企业基金会的所有领域施加持续的影响：治理、资产管理、捐赠、沟通、聘用人员等。同时，企业基金会往往是在基金会的框架内建立起来的，它们在很大程度上会受到其所处环境的法律和财政安排以及（企业）慈善事业传统的影响。由于这些背景因素，全球范围内企业基金会的共性十分有限。因此，有必要就企业基金会所发挥的作用及其运作方式展开深入讨论。

（二）企业基金会的概念

一般来说，基金会可以分为以下几类：私人独立基金会、企业和公司赞助基金会、股东基金会、社区基金会、公共基金会和运营基金会（Frumkin, 2006；Toepler, 1999）。德国的几个大型基金会就说明了区分企业基金会与其他基金会是有些复杂的。首先是大众汽车基金会。虽然从名称上看，它是一个典型的企业基金会，但其捐赠资金来自国有股票，因此被视为国家赞助的基金会（Toepler, 1999）。不同于由企业捐赠资金的基金会，大众汽车基金会的资金来源相当多样化，主要来自股票、债券等各种投资工具所产生的资本利息。其次是罗伯特博世基金会，它是一个从事慈善活动的股东基金会。此外，赫蒂慈善基金会曾是赫蒂百货公司的持股基金会，没有投票权，对管理层也没有任何影响力。如今，赫蒂百货公司已不复存在，赫蒂慈善基金会成为独立基金会。从这几个基金会可以看出，企业基金会与其他种类的基金会并不能简单做出区分。

Roza、Bethmann 和 Meijs（2020）等多位学者对企业基金会的定义做出以下概括：企业基金会是由营利性实体设立、资助和管理的，以公益为目的的独立法人实体，没有任何直接的商业利益。首先，企业基金会是一个独立的法律实体。在一些国家，基金会是一种特定的法律形式；而在另一些国家，基金会的认定可能取决于活动的税收情况，对于那些符合特定税收规定的基金会，可能会更容易获得官方的认定或注册。尽管存在法律差异，但企业基金会必须在法律上与母公司有所区别，确保企业基金会的成立是一种自愿行为。其次，企业基金会以公益为目的。在企业周围，可能存在着不同类型的基金会，例如养老基金会、利益相关者基金会、以私人目的成立的信托基金会等。对于企业基金会而言，其宗旨必须是为广大公众谋福利。企业基金会的活动可能与母公司的核心业务有一定的联系，但不应给公司带来直接的商业利益。企业基金会的存在主要是为了实现更长期和广泛的社会责任，提高社会声誉，这超越了利润的范畴。最后，企业基金会是由营利性实体设立、资助和控制的非营利组织，即使不是完全由营利性实体控制，也在很大程度上受营利性实体影响，这也许是企业基金会与其他类型基金会最重要的区别。

企业基金会是一种复杂的组织，因为它们是跨部门混合组织的典型代表，包含了来自市场和民间社会的共同逻辑和复杂逻辑（Billis，2010）。它们具有民间社会组织的法律形式，但由于与其创始人关系密切，往往包含营利组织的逻辑（Bethmann 和 von Schnurbein，2015）。因此，企业基金会可以被视为企业和公益逻辑相结合的复杂治理结构。

（三）不同地区的企业基金会

1. 欧洲的企业基金会

自 20 世纪 80 年代以来，欧洲基金会的数量和规模迅速增长（Anheier，2018）。例如，在德国，超过 70% 的基金会是在 1990 年德国统一后成立的（Bundesverband Deutscher Stiftungen，2014）。在西班牙，2014 年活跃的基金会中有 70.65% 的基金会成立时间不到 20 年（Rubio Guerrero 和 Sosvilla Rivero，2016）。因此，欧洲基金会的主要特点是年轻且充满活力。

欧洲慈善研究网络（ERNOP）的一项研究至少说明了 20 个欧洲国家的企业捐赠情况，即他们要么是直接捐赠，要么是通过基金会进行捐赠。另一项 2013 年的研究通过对 10 个欧洲国家的基金会进行调查，发现个人和家族是基金会最普遍的创始人类型。但企业作为创始人似乎在法国和西班牙尤为活跃，分别占创始人总数的 25% 和 16%。而在比利时，企业作为创始人所占的比例就比较少，大约只有创始人总数的 1%（Observatoire de la Fondation de France 和 CERPhi，2015）。

通过对欧洲国家企业基金会的数据观察，可以发现奥地利是一个典范国家，其基金会部门的总体框架在很大程度上决定了企业基金会的存在。2014

年，在奥地利的 3310 家基金会中，大多数都是私人基金会，目的是在公司代代相传的过程中预先防止公司解体。据奥地利专家称，现有的 60~70 家企业基金会主要来自银行和保险业，很少活跃在大众认知中。在非营利组织中，它们被视为公司，而不是非营利组织。丹麦与其类似，有几家基金会是企业的战略所有者，除了主要关注资产保值外，还是科学、艺术和社会部门的资助者。斯洛伐克的情况也是如此，该国大多数企业基金会都是在 2004 年至 2008 年间引入 2% 的税收分配机制后成立的。斯洛伐克税法规定，公司纳税人可以将其税款的 2% 捐赠给国内任何符合条件的非营利组织或民间协会。因此，很多大公司都成立了企业基金会，并将 2% 的税款捐给基金会。在法国，2016 年具有企业基金会法律地位的基金会数量达到 360 家。此外，还有一些基金会具有其他法律地位，但仍由公司创立。这些基金会包括 116 家 "受监管基金会"、34 家 "公共事业认可基金会" 和 207 家 "公益事业认可基金会"。法国共有 20% 的基金会被视为企业基金会（EY 和 Les entreprises pour la Cité，2016）。

迄今为止，除法国、西班牙和波兰这三个国家外，其他欧洲国家尚未对企业基金会的支出和资产池进行较为明确的分析。专家们认为出现数据缺失的可能原因在于基金会的筹资渠道是各种各样的。大多数基金会的资金来源是公司提供的资产投资收入、公司的定期捐赠、与公司相关的捐赠基金、公司员工或客户捐赠的资金以及实物捐赠。一项研究分析了法国 70 家由公司设立的基金会（65 家）和捐赠基金（5 家）。研究结果显示，其年平均预算总额为 140 万美元，自 2014 年以来增长了 7%。在接受分析的企业基金会中，34% 的基金会预算超过 110 万美元，22% 的基金会预算在 57 万至 110 万美元之间，30% 的基金会预算在 11 万至 57 万美元之间，14% 的基金会预算不足 11 万美元（EY 和 Les entreprises pour la Cité，2016）。另一项研究调查了西班牙 133 家具有代表性的企业基金会。这些基金会每年的预算总额超过 10 亿欧元，相当于西班牙国内生产总值的 0.1%。其中 54% 的基金会还负责管理公司员工的志愿活动（Fundación PricewaterhouseCoopers，2016）。关于波兰企业基金会财务状况的研究表明，2016年69家基金会的平均预算为20万美元。创始公司提供的资金是基金会最重要的预算来源。在半数基金会中，来自创始人的资金至少占年度预算总额的80%。在三分之一的基金会中，创始人的捐款至少占该组织年度预算的95%（Polish Donors Forum，2017）。

通过对欧洲企业基金会的现状进行分析可以发现：首先，对企业基金会的研究尚未得到有力发展，关于企业基金会的数据比较少，只有少数科学文章关注欧洲的企业基金会，其他报告或研究还很少见，但不可否认企业基金会是具有较大的社会意义的；其次，与欧洲基金会的总数相比，企业基金会的数量很少，企业似乎通过其他形式来履行企业责任，如企业捐赠或企业志愿服务；最后，企业基金会没有特定的活动领域，它们很好地融入了具有类似目标和活动的更广泛的赠款基金会领域。总之，欧洲的企业基金会既有提供赠款的作用，也有作为企业社会责任工具的功能。因此，它们很有可能在公民社会和企业界之间建立新的联系和纽带。

2. 美国的企业基金会

在美国，企业基金会被视为基金会部门和非营利部门的一部分。Hammack（2006）指出，基金会是"非营利、非政府组织部门不可分割的一部分"。根据法律，基金会本身不仅是非营利组织，而且是其他非营利组织开展活动和履行使命的主要支持来源。在美国，基金会一直是备受批评的对象。它们经常受到公众的关注，其合法性和特权地位也受到国会和学者的质疑。一方面，有些人认为基金会在民主中占有一席之地，因为基金会可以提供政府不能或不愿提供的公共产品（Prewitt，2006a）；基金会支持风险较高、具有创新性的项目和倡导工作（Hammack和Anheier，2013）；基金会可以作为自愿消费的工具；基金会还可以存在于国家和市场"之外"，为它们提供解决国家和市场失灵的机会（Prewitt，2006b）。另一方面，一些人认为基金会缺乏透明度和问责制（Frumkin，2006），董事会往往完全由精英和富人组成，创始人享受税收优惠，基金会的秘密性和神秘性可能会让人们感觉不舒服，甚至达到不信任的程度。当然，企业基金会也会受到这些全面的批评。但似乎也有一些人对企业基金会的特殊性持怀疑态度。一些人质疑企业基金会的"意图"：它们只是想利用基金会来提高声誉或品牌，达到营销目的或招募员工，还是真的想改善社区（Morsy，2015）？企业基金会还因挪用公司资源、充当某种"股东税"而受到批评（Masulis 和 Reza，2014）。Masulis 和 Reza（2014）在对 1997 年至 2006 年期间《财富》500 强公司的研究中发现，首席执行官会利用企业捐赠为个人谋利。总之，批评者将美国的企业基金会置于尴尬境地，既批评它们没有充分以慈善为导向，又批评它们没有充分以利润为导向。

尽管存在种种质疑，美国的基金会发展仍然充满活力，企业基金会也不例外。美国的企业基金会在"二战"后开始出现。据 Guthrie（2010）估计，约有 40% 的美国公司拥有相关基金会。根据基金会中心的数据，截至 2014 年，约 3% 的美国基金会是企业基金会（86726 家基金会中的 2521 家），它们持有基金会总资产的 3%（基金会中心，2017）。然而，它们的捐赠却占基金会捐赠总额的 9%（600 亿美元中的 51 亿美元）（基金会中心，2017）。一般来说，美国的企业基金会都是作为赠款基金会设立的。2010 年，美国最大的企业基金会（192 家基金会）的赠款主要集中在人类服务（占赠款的 23%）、教育（21%）和公共事务/社会福利（20%）等领域（基金会中心，2012）。超过 30% 的赠款用于项目支持，约 15% 用于运营支持（基金会中心，2012）。2010 年捐赠额排名前五的企业基金会分别是赛诺菲－安万特患者援助基金会、诺华患者援助基金会、美国银行慈善基金会、沃尔玛基金会和摩根大通基金会（基金会中心，2012）。

就地点而言，截至 2014 年，纽约州有 210 家企业基金会、加利福尼亚州 181 家、伊利诺伊州 163 家、宾夕法尼亚州 136 家、马萨诸塞州 122 家、俄亥俄州119家、威斯康星州113家，均占美国企业基金会总数的5%或以上。一项关于美国《财富》500强企业基金会对中小学教育捐赠的研究（Morsy，2015）发现，企业基金会倾向于将捐赠重点放在单个学校、城市或地区层面，这与企业基金会倾向于将捐赠重点放在当地社区以产生一些信誉并培训未来员工的说法相一致（Fernandez和Hager，2014）。Koushyar等（2015）发现，与独立基金会相比，企业基金会倾向于将资金分散给更多的受资助者，并且不太可能年复一年地资助同一受资助者。这些发现也与企业基金会试图尽可能多地满足公司利益相关者的利益以创造社区信誉的论点相一致。

美国企业基金会的捐赠重点各不相同，但母公司的商业利益从未被遗忘。企业基金会倾向于在当地进行捐赠，捐赠给相对没有争议的事业，并捐赠给许多受赠者，这样的策略能在社区中创造良好的商誉，为企业培养更多的员工，并建立忠实的客户群。具有讽刺意味的是，由于企业基金会的管理人员迫于压力必须保持与母公司的战略联系，他们往往很难从母公司内部的同行那里获得对基金会活动的支持。为更大利益服务与促进公司利益之间的矛盾，确实是其他类型的基金会并不面对的挑战。因此，有必要对企业基金会成员或志愿者如何应对这一挑战进行更多的研究。在这个问题上，也有必要与公司捐赠项目进行比较，因为捐赠项目在公司内部的地位可能会导致不同的行为和策略。

3. 俄罗斯的企业基金会

在俄罗斯，企业社会责任（CSR）并不像人们认为的那样是一种新现象。尽管企业社会责任在俄罗斯企业中非常普遍，而且预算也相当可观，但企业基金会的数量却只有几十个（Roza、Bethmann和Meijs，2020）。有关企业基金会的知识和数据稀缺且不一致，原因有很多，其中包括企业基金会的总体数量较少，以及缺乏独特的法律形式等。从法律角度看，企业基金会似乎是非营利组织的一个分支；从日常实践看，也是企业和非营利组织履行社会责任、开展慈善活动的一种途径。企业基金会是一个法律上独立的实体，是一个非营利组织，由一个企业或一个企业集团建立并提供财政支持，以实施慈善和社会计划——这是企业社会责任研究领域和非营利部门普遍接受的定义。企业基金会通常由大型企业设立，这些企业认为自己承担着重要的社会责任，并努力满足更多的社会要求和良好公民的要求（Waddock，2004）。

俄罗斯的非营利部门相对年轻，力量薄弱，在很大程度上仍然缺乏公民参与以及当地社区、企业和地方政府的支持（Skokova 等，2018）。该部门在1991年苏联解体后发展壮大，并在外国捐助者的支持下获得了一定的组织和管理能力（Sundstrom，2006）。1995年，俄罗斯通过了该领域第一部重要的监管规定——第7号联邦法《非营利组织法》，该法经过多次修订后仍然有效。尽管俄罗斯的非营利部门力量还很有限，但其正在发展成为提供公共服务的一个重要角色（Ljubownikow 和 Crotty，2016）。俄罗斯没有关于企业基金会的可靠统计信息，因为联邦国家统计局并不认为企业基金会是一个独立的实体类型。数据的局限性是，并非每个企业基金会都会发布年度报告或在其网站上提供准确信息，大部分中小型企业基金会未被观察到。因此，我们只能依靠专家和现有数据估算对其进行研究。

对现有数据的分析表明，不同时期成立的企业基金会的数量并不完全一致。大约三分之一的企业基金会是在1990年至21世纪00年代中期由工业企业（主要来自采矿、石油和矿物加工等行业）建立的。例如，卢克石油公司（LUKOIL）和马格尼托哥尔斯克钢铁公司（MMK）成立于1993年，新利佩茨克钢铁公司（NLMK）成立于1999年，股份制金融公司 Sistema 成立于2003年，俄罗斯铝业公司（RUSAL）成立于2000年，俄罗斯钢铁公司成立于2004年，谢韦尔钢铁公司成立于2005年，雷诺瓦公司（投资和资产管理公司集团）成立于2007年，这些公司成立后均设立了企业基金会。三分之二的企业基金会是在2010年左右随着企业社会责任的发展而成立的。当时，非工业企业、大众市场生产商和金融企业引入了企业基金会，因为它们普遍认为企业基金会是开展企业社会责任活动更先进的手段。2015年，企业基金会的预算总额为20.55亿卢布（超过3200万美元），略高于所有基金会累计预算（93.8亿卢布）的五分之一（22%）（Ochareva，2016）。企业基金会在公众心目中没有自己的独特形象，往往与慈善基金会混为一谈，而不是与其他基金会混为一谈。

在过去的几年里，由于联邦政府大力推动第三部门、志愿服务和慈善事业的发展，慈善事业和企业社会责任问题已经得到了大众媒体的广泛关注。到2012年，大众媒体关于慈善事业的报道数量比前一年翻了一番多（2012年的报道数量为86321次，2011年为30756次）（Ochareva，2016）。大多数信息都是正面的（58%），涉及帮助和如何提供帮助的问题。只有1%的出版物提到了企业基金会，在整个调查期内保持稳定。筹款和私人基金会在大众媒体中最受关注（在出版物中分别占13%和19%）。因此，在基金会和整个非营利部门中，企业基金会虽然规模较小，但在财务上却占有重要地位。企业基金会的活动在未来不会减少。俄罗斯为非营利活动和公民慈善活动的开展创造了有利环境。俄罗斯在让非商业组织参与提供社会领域的服务方面做出了很多努力（Benevolenski和Toepler，2017）。此外，俄罗斯还积极支持公民的慈善活动，并努力发展正式的慈善事业。随着俄罗斯政府和社会对慈善事业的重视和支持力度不断加大，以及企业社会责任意识的提高，俄罗斯企业基金会的发展前景充满希望。

4. 拉丁美洲的企业基金会

在过去的三十年中，拉丁美洲的企业基金会数量大幅增长，与企业直接社会投资项目的增长并驾齐驱，企业社会责任（CSR）也在该地区全面推进（Villar，2015）。如果说对该地区机构慈善事业的研究尚处于起步阶段，那么对企业基金会的研究则几乎不存在。该地区大多数国家缺乏包括财务数据在内的最新基金会普查，只有少数几个国家对企业基金会进行了分类。对于拉丁美洲企业基金会的总体情况尚不清楚，因为整个地区没有公开的、最新的（活跃的）企业基金会普查，包括其主要特征。考虑到诸多局限性，所以只能简单讨论巴西、墨西哥和哥伦比亚三个国家的企业基金会情况。首先，它们是该地区人口最多的三个国家。其次，由于这些国家开展了一些探索性研究，因此拥有较为详尽的企业基金会数据。

巴西的最佳可用数据来自 65 家企业基金会数据库，该数据库是根据 GIFE 成员名单从多个来源建立的。巴西企业基金会的特点是，它们的目标非常宽泛，可持续发展和教育（尤其是青少年教育）是最普遍的活动领域。另外，企业基金会通常与集团有关，起源各不相同，有时治理结构也比较复杂。就墨西哥而言，现有的最佳数据来自一项基于 131 家基金会名录的对 64 份调查回复的研究（Villar 等，2014），以及一项基于税务部门信息对全国所有捐赠基金会（包括 135 个法人基金会）进行的分析（Villar 等，2017）。2002 年，墨西哥著名慈善家曼努埃尔·阿朗戈（Manuel Arango）指出，"对企业社会责任价值的认识不断提高"，"企业社会责任实践和计划制度化、专业化"，同时"捐赠传统源远流长"。这一"传统"正在转变为"正在扩展的项目，以纳入更广泛的社会投资定义，超越支票慈善"（Arango，2002）。从发展脉络来看，先出现企业捐赠，然后有了企业社会责任的概念，这些最终反过来促进企业基金会的创立。在墨西哥，大部分企业基金会成立于 1991 年之后，71% 成立于 2001 年之后。也许最令人瞩目的发现是，墨西哥超过一半的企业基金会（56%）是在 2002 年至 2008 年间成立的（Villar 等，2014）。就哥伦比亚而言，现有的最佳数据来自 Fundacion Promigas 和 Fundacion DIS（2012）对 129 家企业基金会的调查反馈，以及 62 家作为 AFE 成员的企业基金会数据库（AFE n.d.）。哥伦比亚因其当地企业基金会的数量、资历和重要性而在该地区脱颖而出。20 世纪 60 年代，哥伦比亚创建了两个最重要的企业基金会：卡瓦哈尔基金会（Fundacion Carvajal，1961）和社会基金会（Fundacion Social，1965）。这两家基金会都是控制型企业基金会，它们都领导一个企业集团。并且哥伦比亚可能是企业基金会和家庭基金会之间界限难以划分的国家，有些被定性为"家族基金会"的组织也符合我们对企业基金会的定义。

通过一些现有证据，我们可以大致估算出作为我们分析对象的三个国家的企业基金会部门的年龄和相对规模。这个部门整体是年轻的，尤其是在墨西哥，94%的企业基金会是在1991年之后成立的。在哥伦比亚和巴西，成立于1991年之前的企业基金会分别占35%和33%。就组织数量而言，企业基金会虽然进入慈善领域较晚，但其数量增长相对较快，在巴西和哥伦比亚的整个基金会部门中占大多数份额。关于支出规模，税务机关提供的只有墨西哥的数据。2013年，在墨西哥基金会总计3.71亿美元的赠款中，企业基金会占36%（1.32亿美元），商业协会占3%（近1300万美元）。按年度赠款排名，墨西哥赠款最多的10家基金会中有4家是企业基金会（Vizcarra、FEMSA、Televisa和Wal-Mart de México）（Villar等，2017）。巴西的公益基金会显而易见是非营利组织。墨西哥是美国资助基金会模式扎根的国家。哥伦比亚走的是一条更为独特的道路，企业基金会作为一种独特的民间社会组织，致力于社区发展。

从实践的角度来看，拉丁美洲的企业基金会是在公众和其他非营利组织对大型企业行为者缺乏信任的背景下出现的。这种信任缺失可能会阻碍创新发展，企业或企业家家族在通过企业基金会参与慈善活动时，以及基金会管理者都必须考虑到这一点。作为混合型组织，企业基金会面临来自外部利益相关者的更广泛的竞争性要求，包括对不同绩效概念的不同形式的问责。拉丁美洲的企业基金会体现了企业工具与公民参与之间的艰难平衡。

（四）企业基金会的治理和管理

企业基金会存在于非营利世界与营利世界的交汇处，并在此发挥作用，因此，其管理必须驾驭这种交汇带来的复杂关系。企业基金会的治理尤其值得研究，因为它是一个组织复杂性和冲突的缩影，表现出混合组织的特征和条件。多数学者和从业者认为"混合型组织包含混合的部门、法律、结构和与使命相关的元素"（Smith，2010）。我们基于三个重要的理论视角（制度理论、代理理论、资源依赖理论）构建理论框架，确定常见的治理条件和动态，并提出三个具有挑战性的关键问题：①企业基金会为何存在，目的何在？②谁是企业基金会的真正管理者？③企业基金会对谁负责？通过探讨这些问题可以对与混合组织的治理相关的动态有一个更加细致入微的理解。

1. **企业基金会管理的参与者**

对"治理"的理解可以以 Cornforth（2014）提出的定义为基础：治理包括"与确保一个组织的总体方向、控制和问责有关的系统和流程"。因此，治理工作包括确定战略方向和目标、制定策略和战略决策、监督和监测组织绩效，以及确保整体问责制（Renz，2004）。Porter 和 Kramer（2006）认为，关于企业慈善事业的一个主要但有争议的点是战略性企业慈善和共享价值创造。他们鼓励企业在慈善事业中追求更加以自我为中心的"战略导向"，即企业所追求的战略应能为企业和社会带来互惠互利的结果。然而，这种取向假定企业利益不会与社会利益相冲突，也忽视了企业可能希望在社会发展中扮演更广泛的角色，因为它使用的是企业慈善事业工具性的单一视角（Crane 等，2014）。尽管有此争议，但企业领导者还是会将慈善取向作为企业基金会使命的基础。

了解谁是组织的主要利益相关者是了解组织治理的基础，因为所有组织都是在利益相关者的网络中存在和运作的。Masulis 和 Reza（2015）发现，在治理相对薄弱的公司中，公司捐赠的选择和水平同公司与慈善机构之间的联系以及首席执行官的个人偏好高度相关，而不是与某种宏大的公司理念或战略相关。Marquis 和 Lee（2013）报告说，即使在公司拥有相对较大的独立企业基金会的情况下，即基金会资产规模较大，尤其是基金会本身雇用的员工与公司分开，高级管理层的影响程度也相对较高。因此，从根本上说，公司领导层的主要取向很可能对企业基金会的管理产生重大影响。企业基金会的理事会是基金会管理的核心角色。最常见的情况是，企业的高级管理人员尤其是首席执行官很可能在企业基金会的管理委员会中占据重要席位（有时甚至是多数席位或全部席位）。治理过程中需要考虑的另一个重要角色是企业基金会的执行领导层。它可能由一人或多人组成，完全受雇于基金会并参与基金会的工作，也可能实际上受雇于公司，并将其时间分配给基金会。

同时，企业基金会的领导力也受到其董事社会嵌入性的影响。多位研究者的报告显示，企业基金会董事会成员与外部参与者的网络和关系嵌入程度，会对他们的慈善实践和偏好产生重大影响（Galaskiewicz，1997）。可以影响企业基金会治理过程的行为者名单并不仅仅局限于企业的行政领导和董事会，社区、国家当局、工会等专门组织以及非营利组织也是企业在负责任地履行职责时应该考虑的重要利益相关者（Pesqueux 和 Damak-Ayadi，2005）。

2. 理论视角与混合治理的挑战

当我们运用相关理论来理解企业基金会治理的现实情况时，我们对企业基金会治理挑战的理解和认识就会大大提高。可以借鉴三种最常用的组织理论来进行分析：制度理论、代理理论、资源依赖理论。依赖任何单一理论都会过于单一和狭隘，通过多重视角的分析来解释企业基金会这个混合组织是有益的。

制度理论视角

制度理论的核心前提是，组织的行为和决策受到其所处的制度环境的影响，组织需要适应制度环境并采取符合社会价值观和规范的行为和决策以获得合法性和生存发展空间，从而增加其生存和成功的机会（DiMaggio 和 Powell，1991）。制度理论为代理理论和资源依赖理论提供了一个重要的补充视角，丰富了我们对企业基金会治理面临的一系列具体挑战的理解。由于其混合性质，企业基金会一般都具有这样的工作特点，即在寻求合法性和完成工作的过程中，它们必须认识到其运作方式是公益与商业相结合。因此，企业基金会必须在两个截然不同的领域——商业领域和公益领域中的每一个领域保持其合法性和认可度。商业领域对企业基金会的期望往往集中在能提高公司地位和合法性的业务实践和表现上。公益领域在评判企业基金会合法性时的期望是为社区带来社会价值。事实上,企业基金会获得并维持合法性的一个重要方式就是遵守并延续慈善基金会的"良好治理"和"最佳实践"的规范、价值和特征,这些期望可能与商业领域的期望大相径庭(Jaquette,2013)。在典型的商业环境中,公司和股东更加期望基金会为自身获益,而在慈善领域中,更加迫切的期望是获取公共利益。

此外,企业基金会的哲学取向和文化通常直接来自并表达其创始营利组织的动机和价值观,即使它们发现至少有必要从非营利和慈善基金会世界的取向和视角来执行其运作的某些方面。如果指导组织行动的各套逻辑不一致且相互竞争,其结果就会反映在内部和外部的意见上,这给那些参与治理的人带来了特殊的挑战(Thornton和Ocasio,1999)。因此,不同部门的利益和期望各不相同,有时甚至是相互排斥的,这往往会给企业基金会的管理者和执行者带来一些最重大的挑战,因为企业基金会至少需要在这些部门中保持适度的合法性。

代理理论视角

在企业管理领域,尤其是在商业和会计领域,特别是公司治理和组织结构方面,最常用的理论是代理理论。由于该理论是研究委托人与代理人之间的关系及其行为规则的理论,因此也与企业基金会高度相关。该理论提出了一个"代理问题",因为委托人(提供资源的人)和代理人(受委托决定如何使用这些资源的人)的利益往往不同,甚至不一致。相较于委托人的利益,代理人更加倾向于从自身利益出发。委托人和代理人之间的紧张关系在企业基金会治理中表现在多个方面。

首先,在企业基金会中,谁是委托人、谁是代理人并不明显。企业基金会没有明确界定的所有者,正如我们所讨论的,它必须对多个利益相关者负责(Anheier,2005)。事实上,企业基金会很可能要对各种"主要"利益相关者负责,如出资人、创始人、公司董事会、董事以及企业基金会的最终受益人。因此,企业基金会必须结合并协调利益相关者潜在的不同利益。其次，企业基金会还面临着受益人利益的分歧，而受益人的利益又是社会使命的重点。这不是一种简单的委托代理关系，在简单的委托代理关系中，委托人的问题是确保管理者实现其利益（Dalton，2007）。相反，在这种情况下，多个主要利益相关者可能会有不同的目标，有些人可以实现自己的利益，有些人则不能。因此，这里治理的一个关键任务是对各种有时相互冲突的利益进行适当调整和优先排序。其中的核心问题是治理决策者认为谁的利益最重要和最相关。企业基金会与其创始公司的目标并不一定一致，甚至可能相互矛盾，这可能会给企业基金会的使命带来风险。最近的研究表明，有时承认存在多重代理关系更为准确，因为存在两个或更多的委托人。这使得理解委托代理关系的过程更加复杂，但也更好地解释了混合组织的现实（Child 和 Rodrigues，2003）。这可能是理解企业基金会董事会中社区代表行为的最准确方式；他们认识到自己既是社区的代理人，也是母公司的代理人。然而，在某些情况下，企业基金会董事会中的外部董事和母公司高管都认为自己首先是母公司的代理人，而社区利益在他们的讨论中处于次要地位。一些学者利用代理视角关注组织履行使命或宗旨的义务。由于董事会在法律上有责任确保组织履行其使命，因此董事会在确保满足所有利益相关者的利益和与使命相关的期望并对其负责方面发挥着核心作用（Miller-Millesen，2003）。但如果董事会成员中只有一个利益相关者占主导地位，情况就会变得复杂。

资源依赖理论视角

第三个理论视角是资源依赖理论。该理论认为，组织生存所必需的资源依赖于组织的外部环境，因此，组织会采取有助于降低对外部关键资源供应依赖程度的行为。资源依赖性视角引导我们研究企业基金会资源流动的特点，以及这些资源来源的特点，包括基金会对母公司内部个别行为者和单位的依赖程度，以及这些公司行为者在与基金会的关系中如何行使权力或施加影响。

资源依赖理论认为，决策者会更倾向于满足企业资助者的需求和利益，因为企业基金会在很大程度上依赖于企业提供的资源，这些资源对基金会的工作至关重要，是基金会存在的基础。企业基金会的运作会极度依赖资源。如果基金会开展的慈善活动或采取的做法与母公司或其主要高管的期望不符，基金会就会面临资源停止流入的风险。当高管同时扮演企业和基金会的领导角色时，就会出现严重的利益模糊甚至冲突。这意味着企业基金会治理面临另一个挑战：使命漂移。在这种情况下，一个组织在努力获得公司主要决策者的青睐时，就会忘记自己的使命（Jones，2007）。企业基金会很可能无法实现其为受益人提供社会价值的使命，这可能会威胁到其社会和法律合法性。代理理论认为，董事会成员的任命是为了确保对主要行为者及其利益负责，而资源依赖理论则认为，董事会成员的任命是因为他们能够帮助基金会理解和影响外部环境中那些可能会对基金会资源流向产生重要影响的人的观点。对于企业基金会来说，这些外部资源可能是社会和政治资源，而不是财务资源。

3. 企业基金会管理者面临的挑战

我们对企业基金会运作的复杂环境，包括多方利益相关者的利益的理解，促使我们认识到这些组织在治理方面面临的实际挑战。在此，有三个问题构成企业基金会治理者所面临的主要挑战，这三个问题分别是：企业基金会为何存在，目的何在？谁是企业基金会的真正管理者？企业基金会对谁负责？

企业基金会存在的目的

企业基金会的创始人和主要利益相关者通常会有多种相互竞争的观点。当然，有些人是负责人，有些人只是执行负责人选择的职能人员。事实上，对于那些管理企业基金会的人来说，一个基本的挑战就是对目的的混淆。基金会在章程、细则和政策中阐述的正式宗旨，通常反映了基金会的混合性质。而纸面上的设计必须由基金会的管理委员会来操作，而且基金会管理委员会的许多成员往往也在公司任职，肩负着为母公司服务的责任。他们的个人绩效标准和晋升都植根于公司的商业逻辑和期望，对于这项边缘任务，他们发现自己有义务考虑其他逻辑和期望。使治理工作更加复杂的是，随着时间的推移，人们对基金会的期望往往会发生变化或减弱，这就使得那些后几代的基金会管理者对基金会的宗旨和重点越来越不明确。

企业基金会真正的管理者

我们解释了治理是对一个组织的全面指导、控制和问责（Cornforth，2014）。事实证明，企业基金会治理所面临的一个根本性挑战就是谁真正在做这项工作或对这项工作负责。就许多企业基金会而言，法律和规范预期都表明，治理权属于企业基金会的理事会。但事实并不一定如此。同样，必须强调的是，基金会成立文件、章程和政策中的规定并不代表管理的实际运作方式，各基金会的实际负责人各不相同。此外，有两个互相关联的矛盾，首先是基金会的专业定位问题，以及基金会的专业定位更倾向于商业专长还是慈善专长的问题。第二个矛盾涉及基金会资产的合法使用：基金会的资助活动是为了提高公司在其环境中的战略地位，还是为了为社区创造利益？事实上，母公司的高层管理人员尤其是首席执行官将基金会作为其个人慈善利益和动机的载体的情况并不少见（Masulis 和 Reza，2015）。

企业基金会对谁负责

企业基金会治理面临的第三个基本挑战是，企业基金会对谁负责，对什么负责。企业基金会通常至少要对两类利益相关者负责，并必须保持其合法性：企业网络参与者和社区利益相关者。企业基金会面临的挑战是，如何在指导其工作并为其提供信息的混合期望和相互竞争的逻辑所带来的生存悖论中做到负责任。它指的是企业基金会的组织效能、评判标准，以及谁有权力和权威做出这样的判断。企业基金会始终需要在推进企业优先事项和社区优先事项之间取得平衡。如何在企业利益和社区利益之间取得适当的平衡，并对其进行说明，这是一项关键的挑战。当逻辑不一致和不协调时，其结果很可能会反映在内部和外部的紧张关系和调和上（Thornton 和 Ocasio，1999）。特别是，这很可能会给参与其工作的人员造成认知失调。

典型的情况是，许多企业基金会在运作时就像是母公司的分部或下属实体。当基金会使用母公司的基础设施和行政系统开展大部分业务，基金会的治理和管理人员对母公司的一位或多位高管负责时，这种从属性或缺乏主权的情况就会更加严重。在这种情况下，董事会和担任行政主管的人员通过母公司人力资源部门的绩效管理系统向其汇报基金会的工作并对其正式负责的情况并不少见。这种安排所带来的挑战在于，基金会董事会通常无法对实际执行基金会工作的人员的绩效管理系统进行公开干预。

4. 总结与展望

治理工作包括确定战略方向和目标、制定政策和战略决策、监督和监测组织绩效，以及确保整体问责制（Renz，2004）。企业基金会必须处理多种逻辑关系，而且这些逻辑关系往往是相互矛盾的，这给基金会的决策和管理带来了挑战。我们根据理论确定了三大治理挑战，即企业基金会为何存在以及存在的目的是什么，谁是企业基金会的真正管理者，企业基金会对谁负责以及对什么负责。从实践的角度来看，我们注意到，那些成功领导和管理企业基金会的人，在了解和处理对基金会和自身绩效的实际期望时，都会发展出"读懂字里行间"的能力。不同方面的管理挑战需要以不同的方式来解决。通过对企业基金会不同层面的解读，有助于进一步了解在慈善领域迅速崛起的混合型组织，也希望能为有趣现象的研究奠定基础。

（五）参考文献

[1] Anheier H K. Nonprofit organizations: theory, management, policy [M]. London: Routledge, 2005.

[2] Anheier H K. Philanthropic foundations in cross-national perspective: a comparative approach [J]. American Behavioral Scientist, 2018, 62 (12): 1591-1602.

[3] Arango M. Philanthropy in Mexico: challenges and opportunities [J]. ReVista: Harvard Review of Latin America, 2002, 1 (3).

[4] Benevolenski V, Toepler S. Modernising social service delivery in Russia: evolving government support for non-profit organisations [J]. Development in Practice, 2017, 27 (1): 64.

[5] Bethmann S, von Schnurbein G. Effective governance of corporate foundations [J]. CEPS Working Paper Series No. 8. Basel: CEPS, 2015.

[6] Billis D. Hybrid organizations and the third sector: challenges for practice, theory, and policy [M]. New York: Palgrave Macmillan, 2010.

[7] Bundesverband Deutscher Stiftungen. Zahlen, Daten, Fakten zum deutschen Stiftungswesen [OL].Berlin: Bundesverband Deutscher Stiftungen, 2014.

[8] Child J, Rodrigues S B. Corporate governance and new organizational forms: issues of double and multiple agency [J]. Journal of Management and Governance, 2003, 7 (4): 337-360.

[9] Cornforth C. Nonprofit governance research: the need for innovative perspectives and approaches [M]//Cornforth C, Brown W A.Nonprofit governance: innovative perspectives and approaches. New York: Routledge, 2014.

[10] Crane A, Palazzo G, Spence L J, et al. Contesting the value of "creating shared value" [J]. California Management Review, 2014, 56 (2): 130-153.

[11] Dalton D R, Hitt M A, Certo S T, et al. The fundamental agency problem and its mitigation: independence, equity, and the market for corporate control [J]. The Academy of Management Annals, 2007, 1 (1): 1-64.

[12] DiMaggio P, Powell W W. Introduction, in the new institutionalism in organizational analysis[M]. Chicago: University of Chicago Press, 1991: 1-38.

[13] Ernst & Young Société d'Avocats, Les entreprises pour la Cité. Panorama des fondations et des fonds de dotation créés par des entreprises mécènes – 2016. Peut-on concilier performance et intérêt général? [OL].Paris: Ernst & Young Société d'Avocats, Les entre, prises pour la Cité, 2016.

[14] Fernandez K M, Hager M A. Public and private dimensions of grantmaking foundations [J]. Public Administration Quarterly, 2014, 38 (3): 405-439.

[15] Foundation Center. Foundation stats[OL]. New York: Foundation Center, 2017.

[16] Foundation Center. Key facts on corporate foundations [OL]. New York: Foundation Center, 2012.

[17] Frumkin P. Accountability and legitimacy in American foundation philanthropy

[M]//Prewitt K, Dogan M, Heydemann S, et al.The legitimacy of philanthropic foundations: United States and European perspectives. New York: Russell Sage Foundation, 2006.

[18] Frumkin P. Strategic giving: the art and science of philanthropy [M]. Chicago: University of Chicago Press, 2006.

[19] Fundación PricewaterhouseCoopers. Fundaciones corporativas. El alma de las empresas [OL]. Fundación PricewaterhouseCoopers, 2016.

[20] Fundación Promigas, Fundación DIS. Las fundaciones empresariales en Colombia: Una mirada a su estructura y dinámicas [R]. Bogotá: Asociación de las Fundaciones Empresariales de Colombia, 2012.

[21] Galaskiewicz J. An urban grants economy revisited: corporate charitable contributions in the Twin Cities, 1979–81, 1987–89 [J]. Administrative Science Quarterly, 1997, 42 (3): 445–471.

[22] Gautier A, Pache A C. Research on corporate philanthropy: a review and assessment [J].Journal of Business Ethics, 2015, 126 (3): 343–369.

[23] Guthrie D. Corporate philanthropy in the United States: what causes do corporations back? [M]//Clemens E S, Guthrie D.Politics and partnerships: voluntary associations in America's political past and present. Chicago, IL: University of Chicago Press, 2010.

[24] Hammack D C, Anheier H K.A versatile American institution: the changing ideals of realities of philanthropic foundations [M]. Washington: Brookings Institution Press, 2013.

[25] Hammack D C. American debates on the legitimacy of foundations [M]//Prewitt K, Dogan M, Heydemann S, et al. The legitimacy of philanthropic foundations: United States and European perspectives. New York, NY: Russell Sage Foundation, 2006.

[26] Jaquette O. Why do colleges become universities? Mission drift and the enrollment economy [J]. Research in Higher Education, 2013, 54 (5): 514–543.

[27] Jones M B. The multiple sources of mission drift [J]. Nonprofit and Voluntary Sector Quarterly, 2007, 36 (2): 299–307.

[28] Koushyar J, Longhofer W, Roberts P W. A comparative analysis of corporate and

independent foundations [J]. Sociological Science, 2015 (2): 582-596.

[29] Liket K, Simaens A.Battling the devolution in the research on corporate philanthropy [J].Journal of Business Ethics, 2015, 126 (2): 285-308.

[30] Ljubownikow S, Crotty J. Nonprofit influence on public policy: exploring nonprofit advocacy in Russia [J]. Non-Profit and Voluntary Sector Quarterly, 2016, 45 (2): 314-332.

[31] Marquis C, Lee M. Who is governing whom? Executives, governance, and the structure of generosity in large US firms [J]. Strategic Management Journal, 2013, 34 (4): 483-497.

[32] Masulis R W, Reza S W. Agency problems of corporate philanthropy [OL]. ECGI - Finance Working Paper No. 370, 2014.

[33] Masulis R W, Reza S W. Agency problems of corporate philanthropy [J]. The Review of Financial Studies, 2015, 28 (2): 592-636.

[34] Miller-Millesen J L. Understanding the behavior of nonprofit boards of directors: a theory-based approach [J]. Nonprofit and Voluntary Sector Quarterly, 2003, 32(4): 521-547.

[35] Morsy L.Corporate philanthropic giving practices in US school education [J]. Voluntas: International Journal of Voluntary and Nonprofit Organizations, 2015, 26 (4): 1510-1528.

[36] Observatoire de la Fondation de France, Centre d'Etude et de Recherche sur la Philanthropie (CERPhi). An overview of philanthropy in Europe [OL]. Paris: Observatoire de la Fondation de France, Centre d'Etude et de Recherche sur la Philanthropie, 2015.

[37] Ochareva O. Report on the status and development of foundations in Russia, 2015[R]. Donors Forum, 2016.

[38] Pesqueux Y, Damak-Ayadi S. Stakeholder theory in perspective [J]. Corporate Governance: The International Journal of Business in Society, 2005, 5 (2): 5-21.

[39] Polish Donors Forum. Fundacje Koroporacyjne W Polsce [OL]. Warsaw: Polish Donors Forum, 2017.

[40] Porter M E, Kramer M R. Strategy and society: the link between competitive advantage and corporate social responsibility [J]. Harvard Business Review, 2006, 84 (12): 78-92.

[41] Prewitt K. American foundations: what justifies their unique privileges and powers [M]//Prewitt K, Dogan M, Heydemann S, et al.The legitimacy of philanthropic foundations: United States and European perspectives. New York, NY: Russell Sage Foundation, 2006b.

[42] Prewitt K. Foundations [M]//Powell W W, Steinberg R. The nonprofit sector: a research handbook. New Haven, CT: Yale University Press, 2006a.

[43] Renz D O. Governance of nonprofits [M]//Burlingame D.Philanthropy in the US: an encyclopedia. Santa Barbara: ABC-CLIO, 2004.

[44] Renz D, Andersson F. Nonprofit governance: a review of the field [M]//Cornforth C, Brown W A.Nonprofit governance, innovative perspectives and approaches. London: Routledge, 2014.

[45] Rey-García M, Martín C J, Álvarez G, et al.Assessing and advancing foundation transparency: corporate foundations as a case study [J].The Foundation Review, 2012, 4 (3): 77-89.

[46] Roza L, Bethmann S, Meijs L, et al. Handbook on Corporate Foundation [J]. Nonprofit and Civil Society Studies, 2020: 85-106.

[47] Rubio Guerrero J J, Sosvilla Rivero S. El Sector Fundacional en España: a tributos fundamentales (2008-2014) [OL].Madrid: Asociación Española de Fundaciones, 2016.

[48] Skokova Y, Pape U, Krasnopolskaya I. The non-profit sector in today's Russia: between confrontation and co-optation [J]. Europe-Asia Studies, 2018, 70 (4): 531-563.

[49] Smith S R. Hybridization and nonprofit organizations: the governance challenge [J]. Policy and Society, 2010, 29 (3): 219-229.

[50] Sundstrom L. Funding civil society: foreign assistance and NGO development in Russia [M]. Stanford: Stanford University Press, 2006.

[51] Thornton P H, Ocasio W. Institutional logics and the historical contingency of power in organizations: executive succession in the higher education publishing industry, 1958-1990[J].American Journal of Sociology, 1999, 105(3): 801-843.

[52] Toepler S. On the problem of defining foundations in a comparative perspective[J]. Nonprofit Management & Leadership, 1999, 10(2): 215-225.

[53] Villar R, Butcher J, Gandini L, et al. Fundaciones Empresariales en México: un estudio exploratorio[R]. México, D.F.: Centro de Investigación y Estudios sobre Sociedad Civil en el Instituto Tecnológico de Monterrey y Centro Mexicano para la Filantropía, 2014.

[54] Villar R, Sordo S, Layton M D. Las Fundaciones Donantes: principales entidades donantes en México[R]//Butcher García-Colín J. Generosidad en México Ⅱ: Fuentes, cauces y destinos, chapter 4. México, D.F.: Editorial Porrúa, Centro de Investigación y Estudios sobre Sociedad Civil, Instituto Tecnológico y de Estudios Superiores de Monterrey, 2017.

[55] Villar R.Private funds for social transformation: philanthropy and social investment in Latin America Today[R]. Group of Foundations and Corporations in Argentina (GDFE), Group of Institutes, Foundations and Corporations of Brazil (GIFE), Association of Corporate and Family Foundations of Colombia (AFE), The Mexican Center for Philanthropy (Cemefi), 2015.

[56] Waddock S. Parallel universes: companies, academics and the progress of corporate citizenship[J]. Business and Society Review, 2014, 109(1): 5-42.

[57] Westhues M, Einwiller S. Corporate foundations: their role for corporate social responsibility[J].Corporate Reputation Review, 2006, 9(2): 144-153.

二、国内企业基金会文献综述

(一)企业基金会的研究背景

随着市场经济的发展,政府部门以及企业界部门的职能和力量表现出不足，非营利组织的兴起成为现代社会发展的必然趋势。市场机制的发展暴露出多重复杂的社会问题，政府以及企业虽能触及社会生活的各个角落，但力量是有限的，众多社会问题无法合理解决，而非营利组织的发展恰好弥补了这些不足，因此受到公众的高度重视。从2004年《基金会管理条例》颁布以来，非营利组织在慈善领域的发展有了重大突破。《基金会管理条例》将基金会定义为"利用自然人、法人或其他组织捐赠的财产，以从事公益事业为目的，按照该条例的规定成立的非营利法人"。基金会按照筹措性质可以分为两类，一类是可以面向公众募捐的公募基金会，另一类是不可以向公众募捐的非公募基金会。在经济快速发展的背景下以及战略慈善动机的推动下，营利组织与非营利组织共同履行社会责任，公益事业开创了新形式——企业基金会。我国有研究者将企业基金会定义为，由企业家或企业发起并捐资设立，且捐资金额超过基金会原始资金50%的非营利慈善组织（刘忠祥，2014）。

近年来，企业基金会为企业整合公益慈善资源提供了专业化平台，使得公益项目的推进实现标准化、制度化以及规范化，丰富了公益项目的发展形式，成为企业社会责任战略的重要组成部分，在慈善领域起着不可或缺的重要作用。相较于临时性、随机性的直接捐赠，企业通过建立企业基金会来开展慈善活动被视为一种更具主动性与专业性的慈善范式（陈钢和李维安，2016；许睿谦和王超，2022）。近二十年来，我国企业基金会发展迅速，从2004年数量近乎为零增加至2020年的1709家，年平均增长率远高于其他类型的基金会，2020年企业基金会在所有类型基金会中的数量占比已达到20%（程刚等，2021）。企业基金会自诞生起便饱受争议，主要原因在于企业基金会作为公共物品和服务的重要提供者，生存于社会组织需求和企业经济利益需求的结合地带。企业基金会本应持有的公益本性遭受一定质疑，人们认为其有可能成为营利性企业通过慈善活动获取更多利益的工具，甚至沦为企业的附庸（李新天和易海辉，2015）。企业基金会与其他类型的非公募基金会没有太大差别，但因其与营利性发起企业存在紧密关系，从而表现出特殊性。已有研究定性分析了企业基金会及其治理具有的特殊性，但较少有人从理论角度进行深刻剖析，并且进一步利用实证研究范式给出充分证据来解答这一特殊性是否会使得企业基金会受到发起企业利润的影响及会使其受到怎样的影响这一具有意义的研究问题。

（二）企业基金会的特殊性

孙宁宁（2020）认为，与一般基金会不同，企业基金会因脱胎于出资企业，与发起企业之间存在相互交织的特殊关系。具体来说，出资企业不仅为企业基金会提供初始资金，还会定期给企业基金会捐赠一定比例的利润；企业基金会决策层的理事会成员等大多由出资企业任命；出资企业除了为企业基金会提供资金以外，还会在技术、管理决策、人力资源等方面提供帮助；企业基金会的命名通常与企业名称有关，如万科企业股份有限公司创立的基金会就命名为万科公益基金会；根据资源依赖理论，企业基金会的生存与发展高度依赖于从发起企业获取的资金、物资、管理经验等有形或者无形资源，正是这种高度依赖关系赋予了企业基金会更深层次的特殊性，并可能产生相互影响（陈钢，2017）。

一方面，企业基金会能够对发起企业的行为和价值产生影响（陈钢，2017）。许睿谦和王超（2022）认为，相比于简单、零散的直接捐赠，企业基金会是企业实现战略慈善目标更有效的途径。战略慈善理论强调企业慈善行为与商业发展之间的互动关系，认为慈善可以通过帮助企业改善与利益相关方的关系来实现战略效益。相比于企业直接捐赠，企业基金会通过组织化运作的优势，能够以更加系统、专业的形式来实施慈善行为（李新天和易海辉，2015；张楠、林志刚和王名，2020）。同时，根据利益相关者理论，企业基金会还有助于企业获得税收优惠。

另一方面，企业基金会的运作受到以追求经济利益为主要目的的出资企业的影响（陈钢，2017）。根据社会网络理论，社会是一个巨大的网络，网络中存在各种各样的组织，企业基金会即属于其中一种组织；组织与组织之间的关系、组织与网络之间的关系、组织内部成员与网络之间的关系等多重复杂的关系均会对企业基金会的行事方式和行为结果造成影响。因此，企业基金会的运作方式及产生的结果，不仅受到出资企业的影响，还会受到基金会内部理事、监事及职能部门员工社会关系的影响。而由于营利性企业通常是出于战略慈善、专业化慈善的考虑出资设立企业基金会，许多企业会直接任命企业基金会的管理人员，很多基金会章程中也有类似规定，这样一来，企业就间接拥有了对企业基金会的决策权。尽管企业基金会在法律上是独立法人，但在资金、人力、技术等方面仍高度依赖于出资企业，所以出资企业在企业基金会中发挥了相当于股东的作用。与此同时，很多企业把自身的利益诉求嵌入基金会的发展战略中，这会导致公益效率受损，甚至在一定程度上抹杀基金会的独立性，使其成为企业的附庸。

陈钢和李维安（2016）研究认为，企业基金会是一种边界组织。随着社会和环境问题越来越多样化和复杂化，各类组织彼此孤立地处理这些问题的传统模式逐渐暴露出其局限性，这种情况促使营利性企业和非政府组织开始寻求扩大自身边界，以便实现跨部门边界的合作。在这种背景下，企业基金会扮演了一个独特的角色。企业基金会是介于出资企业与非政府组织之间的一种边界组织，可以将其视为企业与非政府组织之间的桥梁，能够起到聚集、转化、调解和协作四个方面的作用，有利于这两类组织搭建合作关系，促进在社会责任履行方面的合作和共同努力。企业基金会的这一角色，在当今社会责任和可持续发展议程中变得越来越重要。

企业基金会拥有特殊的权力分离模式。作为非营利组织的一种特殊形式，企业基金会也没有绝对的所有者。另外，企业基金会的运作也遵循非分配约束原则，意味着即便基金会有收益，其创办者和捐赠者也都不享有基金会的收益权。刘宏鹏（2006）指出，营利性企业与非营利组织在基于委托代理关系的四权分离（所有权、决策权、控制权、收益权）情况上存在显著差异。在营利性企业中,股东拥有企业的所有权和收益权,形成一种闭合回路(见图38)。相比之下,非营利组织没有绝对的所有者,尽管出资企业具有出资权,但他们无法获得收益权,因此四种权益的分配只能形成单向路径排列,无法闭合(见图38)。然而,大量研究发现,尽管出资企业不享受企业基金会的收益,但企业基金会不仅能够在提升出资企业的形象、声誉等方面起到关键作用,还能够向出资企业的利益相关者传达一种重视他们利益的信号,这些都会间接地影响出资企业的经营收益(郑琴琴和李志强,2018)。换句话说,虽然企业基金会的运作不会赋予出资企业直接收益权,但正是因为能够带给企业这些无形的回报,为出资企业提供了潜在的收益权。所以,陈钢和李维安(2016)认为这种特殊性的存在,使得企业基金会所有权、决策权、控制权和收益权四种权益的模式与其他类型非营利组织纯粹的四权分离单向路径模式均不同,表现为一种单向路径与潜在的闭合回路共存的模式(见图38)。

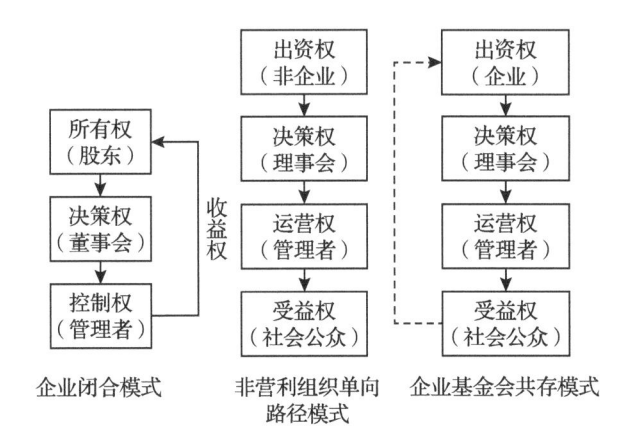

图38 企业基金会单向路径与潜在的闭合回路共存的模式

(三)企业基金会治理的特殊性

企业基金会与营利性出资企业之间存在不同程度的联系,这使其与其他类型非营利组织有着本质区别，所以企业基金会势必存在其治理特殊性（陈钢和李维安，2016）。

李新天和易海辉（2015）认为，按照传统的委托代理理论，代理问题存在的根本原因在于所有权与控制权两权分离导致的信息不对称。这一理论同样适用于解释企业基金会中代理问题的成因。但企业基金会与其他类型的非营利组织相比，并不具备所有权与控制权两权分离的特征，导致在代理问题上也具有一定的特殊性。作为受托人的企业基金会，在发展过程中与捐赠人（主要是企业）、受益人、政府、评估机构和社会公众等多个利益相关方之间存在直接或间接的利益关系，从而形成了复杂的多重代理关系。这些关系可能导致慈善腐败和公益失灵等典型的代理问题，主要表现为损害政府、社会公众及其他非企业捐赠人的利益。此外，李新天和易海辉（2015）还指出，企业基金会代理问题产生的原因主要包括：独立性不够、与各相关方之间存在信息不对称、监督不充分、激励不明显、责任不健全、公益慈善法律不完备等。

企业基金会治理特殊性的核心特点是其自主性的缺乏，具体体现在以下三个方面。①企业基金会的理事会成员与出资企业存在特殊关系。由于企业是基金会的资源捐赠者，通常会在基金会理事会中安排代表进行监督，确保其捐赠资源得到合理利用。但是这些代表成员往往也是出资企业的高管，他们的"真正"目的可能是确保企业基金会的战略方向服务于出资企业的经济目标，这使得企业基金会的战略大方向和捐赠决策等深受企业的影响。②企业基金会的目标受益人与企业的潜在消费者存在很大关联。尽管企业基金会和企业拥有截然不同的组织使命，前者是为了追求公益，比如缓解贫困、保护环境、加强教育等，后者是为了追求私利，比如扩大产品和服务的市场，但基金会的活动可能间接支持企业的市场战略。实际上，企业基金会的公益行为通常能够提升出资企业的声誉、形象等（郑琴琴和李志强，2018）。影响企业竞争力的重要因素包括产品、服务、价格、质量等，此外，声誉、形象等也是企业赢得和维系消费者不可或缺的因素。这就使得企业有更大的意愿干预企业基金会的行为。为了达成使命，企业基金会可能采取"表面上"仅对目标当事人有益的捐赠行为。③企业基金会拥有双重身份。企业基金会既具有履行公益使命的社会身份，又具有与出资企业的战略地位和声誉资本相关的组织身份。前一种身份表明，企业基金会是具有公益使命的独立法人，理论上同出资企业之间没有联系；而后一种身份表明，企业基金会作为营利性企业出资设立的组织，虽然在法律意义上是独立的，但实际上要为企业战略提供服务，且对企业声誉有着重要影响。这种双重身份使得企业基金会在自主性方面表现出一定的局限性。

（四）企业基金会治理结构分析

宫千千（2017）从基金会治理中的决策、监督、激励三个维度出发，构建了一个企业基金会的综合治理框架。首先，决策机制被视为企业基金会治理中最核心、最关键的环节，而构建合理的监督机制、激励机制的根本目的其实也是为了保证决策的合理性。决策机制中包括理事会决策和出资企业决策。理事会作为企业基金会内部的核心部门，负责做出决策、制订工作计划、编制预算、讨论和甄选工作人员等，而且要努力提升组织绩效，所以说理事会在企业基金会中所承担的责任要多于企业的董事会。因此，理事会必须保证决策的科学性，而且要严密监督管理层的行为。同时，出资企业在企业基金会决策机制中的作用也不可小觑。由于企业与企业基金会之间存在着特殊关系，企业基金会的理事会成员往往大多或全部为出资企业的高管，在理事会做出决策时，难免会融入企业的视角，出资企业也就间接参与了决策。但是，考虑到企业基金会的公益本质，企业参与决策必须把握一个合适的尺度，避免使基金会沦为企业的附庸，将企业基金会变成单纯为企业服务的一个部门。其次，企业基金会的监督机制主要包括监事会监督、政府监督、媒体监督、第三方评估机构监督和受益人监督。其中，监事会可以充分发挥其对理事会和管理层的监督作用,防止企业基金会沦为出资企业谋取经济利益的工具;政府通过制定法律和行政监管等形式行使监督权,保障国家和纳税人的利益;媒体的作用在于及时接收和传达企业基金会的消息,保障各利益相关方的知情权,让其可以充分行使自己的监督权;第三方评估机构客观地反映企业基金会的运营情况,提高理事会决策的准确性,帮助监事更好地监督理事会与管理层的行为。最后,由于企业基金会不参与市场竞争,缺乏明确的绩效考核指标,因此基金会内部缺乏传统意义上的激励机制。而且,选择在企业基金会工作的人往往不以利益为先,有一定的利他主义倾向。所以,除了物质以外,以组织使命为中心的价值观和组织文化也能起到激励作用。

这一框架全面考虑了企业基金会治理的多个方面,强调在保障其公益目标的同时,也要考虑与出资企业的关联以及可能产生的影响。

陈钢(2017)、黄榆茜(2017)、孙宁宁(2020)等则是从企业基金会内外治理相关方的角度分析企业基金会的治理结构。企业基金会的内部治理相关方包括理事会、监事会、独立理事和执行官。理事会是企业基金会治理活动的主体,作为同出资企业进行沟通的主要渠道,确保其决策独立性成为企业基金会治理中的关键。监事会的职责在于防止企业基金会成为出资企业谋取经济利益的工具,保障企业基金会更好地实现其公益使命。在企业基金会理事会中引入独立理事,可以增强理事会决策的独立性,提升理事会决策的科学性。当前,《基金会管理条例》中虽然没有明确规定基金会需要设立独立理事,但在相关部门完善有关政策以及企业基金会制定章程的过程中应考虑引入独立理事制度,为企业基金会更好地实现其公益使命增添"护卫力量"。在企业基金会中,执行官通常称为秘书长。秘书长是负责企业基金会日常事务的最高行政官员,是由理事会选定的专职人员,具有管理知识和经验,接受理事会的监督,向理事会负责。理事会之下设立秘书长有利于提高企业基金会运作的规范化、制度化、社会化和民主化水平,提升其运作效率。企业基金会的外部治理相关方主要包括出资企业、政府、媒体、第三方评估机构、受益人等，他们对企业基金会享有监督权和知情权。出资企业作为捐赠方可能会因企业基金会的不良运作导致声誉、形象等遭受损害，因此出资企业有意愿且有能力实施监督权，并享有知情权。企业与企业基金会之间的特殊关系决定了企业在企业基金会治理过程中扮演着非常关键的角色，因此被赋予"第一监督人"称号（陈钢和李维安，2016）。企业基金会作为非营利慈善组织，能够在一定程度上弥补政府在提供公共产品和服务上的不足。因此，李新天和易海辉（2015）认为政府与企业基金会之间存在隐性的契约关系，政府作为委托人，除给予财政支持外，主要利用税收减免等优惠政策回报作为受托人的企业基金会。当然，税收减免等优惠政策不仅是政府财政收入的减让，而且是作为纳税人的社会大众付出的经济代价（杨平波，2010）。为了保障国家财产和纳税人的权益，政府自然具有监督企业基金会行为的权力，而企业基金会也应当编制和发布完整透明的财务报告，接受政府和社会的监督。《基金会管理条例》规定，"基金会、境外基金会代表机构应当在通过登记管理机关的年度检查后，将年度工作报告在登记管理机关指定的媒体上公布，接受社会公众的查询、监督"，这就赋予了媒体监督的法定权力（李晗等，2015）。另外，媒体作为社会大众获知相关信息最便利的渠道，应该成为监督企业基金会的重要力量。《基金会管理条例》还规定，"基金会、境外基金会代表机构应当于每年3月31日前向登记管理机关报送上一年度工作报告，接受年度检查"，这就赋予了具有审查资格的第三方评估机构（比如会计师事务所）监督的法定权力。第三方评估机构可以减少捐赠人与企业基金会之间的信息不对称。同时，企业基金会的决策机构可将第三方评估机构给出的评估意见作为决策依据，监事会也可以根据确定的财务信息更好地监督理事会受托责任的履行。企业基金会在开展公益慈善活动中通常面临受益人的选择问题，这就不可避免地涉及分配与公平（李新天和易海辉，2015）。公益慈善的受益人分为潜在受益人和实际受益人，后者最终从前者中确定。然而，囿于捐赠财产的有限性，无法让所有符合条件的人都能成为实际受益人。因此，为了确保受益人获得公平、合理的捐赠，企业基金会在甄选实际受益人的过程中，应当坚持公正、合理的原则，充分透明，保障受益对象的知情权。这就意味着：受益人，尤其是没有成为实际受益人的潜在受益人，拥有监督企业基金会行为的权力。

这一框架中，内外治理相关方的相互协调和监督旨在实现企业基金会的高效治理，保证其有效地履行公益使命，同时维护各利益相关方的权益。

（五）企业基金会治理的相关研究

前期研究主要从战略理论、组织理论、资源依赖理论等视角探讨企业基金会的设立动机、发展难题、特殊性等。随着资本市场与市民社会的融合、企业基金会的不断发展，企业基金会治理的相关研究在不断深化。根据研究层级，可将有关企业基金会治理的研究归纳为微观、中观、宏观三个层面。

1. 微观：个体层面

内部管理人员的社会关系对企业基金会治理的影响

根据社会网络理论，企业基金会是嵌入在社会网络中的组织，这意味着无论是组织间的关系，还是组织成员的社会关系，都会对企业基金会的行为及结果产生影响。国内有学者从社会关系的视角考察了基金会的运作。许睿谦、阳镇和杨东宁（2023）把企业基金会是否发生使命漂移行为作为一个审视企业基金会在践行公益使命的过程中是否具备专注性和长期性的重要视角，通过数据定量分析并通过稳健性检验得出结论：如果理事会中有更多政府或非营利机构工作背景的成员，在管理过程中秉持更强的公益制度逻辑，则可以在一定程度上抵御来自企业商业诉求的压力，督促企业基金会专注于公益目的的实现。因此，相较于完全地将公司高管或员工嫁接到基金会的理事会中，企业基金会补充非商业背景的管理者可以平衡其治理结构，有助于防范使命漂移并缓解长期性慈善项目的流失。张文欣（2018）选取2012—2015年企业基金会的相关数据进行研究，发现当企业基金会中存在国家工作人员或省部级工作人员时，企业基金会的公益性支出与捐赠收入的正向影响关系更强，企业基金会的管理费用类支出与捐赠收入的负向影响关系更强。周婷婷和常馨丹（2021）在研究企业基金会中的党组织对其慈善事业发展的影响时发现，共产党员担任基金会监事是监事监督与党组织监督的融合，能够更好地发挥基金会党组织的监督作用与思想引领作用，使得党组织建设对基金会运作质量的积极推动效应更加凸显。总之，根据内部管理人员的社会关系与企业基金会治理的特殊关系，削弱企业基金会社会关系造成的负面影响、促进其正面效用成为企业基金会健康发展的关键。

内部管理人员的性别对企业基金会治理的影响

随着时代的发展，对于性别多元化的研究得到越来越多研究者的关注，学者们对于基金会中理事性别多元化对组织绩效产生的影响持有不同观点。陈钢（2017）基于非营利组织层面的研究认为，理事会的性别多元化能够对组织的绩效产生积极作用。但是，陈钢（2017）认为在女性理事数量普遍较少的情况下，女性理事参与理事会不利于企业基金会更有效率地运作，可能的原因如下。虽然在女性理事更为关注履行社会责任的情况下，在理事会中引入女性能够促使企业基金会更加倾向于以真正的组织社会公益价值最大化为目标进行运作，但由于我国女性长期受"男主外，女主内""三从四德"的思想观念影响，存在明显的顺从、缺乏主见，不愿意承担风险、保守等特点（刘丽珑，2015），这使得企业基金会的理事会在决策过程中更容易受到发起企业的约束，进而降低企业基金会的决策公平性，降低组织绩效。尤其是在企业基金会的女性理事大都来源于发起企业的情况下更可能激发上述女性特征的出现，因为她们不可避免地要面临发起企业的慈善动机的影响，为了维护自身在公司中的地位和利益，她们更可能服务于发起企业的利益，由此降低组织绩效。陈钢（2017）通过对基金会中心网披露的企业基金会2011—2014年的相关数据进行定量分析发现，女性理事比例与组织绩效之间没有显著的相关关系，而且有对组织绩效造成负向影响的倾向。所以，综合上述分析，陈钢（2017）认为对于通过引入女性理事来提升企业基金会绩效这一做法应该保持谨慎的态度。

2. 中观：内部治理相关方

出资企业性质对企业基金会治理的影响

陈钢（2017）在研究中探讨了国有企业和非国有企业在从事慈善活动时的不同动机和策略。他指出，非国有企业更倾向于基于经济动机从事慈善活动，带有明确的目的性。为了获得特定利益相关者的认可和资源，仅仅传达一种"做了"慈善的信号可能还不够，所以非国有企业可能会进行长期的慈善活动。这就意味着，拥有非国有企业背景的企业基金会的资助项目持续比率较之于拥有国有企业背景的企业基金会更高。而国有企业作为政府的合法代表，需要关注更多类型的特殊社会问题和更多利益相关者，决策相对较为公平。因此，相比之下，国有企业背景的基金会通常资助更多项目，并且在绩效上表现更佳。

此外，国有企业在进行慈善活动时，不仅要关注经济性利益，还要考虑政治效益。在这种情况下，一方面，国有企业基金会的良好运作可以保障多方利益；另一方面，国有企业基金会的良好运作也能向政府传递一种发起企业是实现国家福利事业的良好代理人的信号，进而为国有企业高管晋升、获取政策优惠等方面增添筹码。出于这两方面的原因，国有企业可能更倾向于参与企业基金会的治理工作。陈钢（2017）通过定量分析得出结论：相较于非国有发起企业，国有发起企业有着更强的参与企业基金会治理的意愿和力度。这种强烈的参与倾向导致企业基金会理事会在履行决策和监督职能上的独立性较弱，影响治理效果。进一步的定量分析显示，相较于国有企业背景的基金会，非国有企业背景的基金会会因为更大的理事会规模、更多样化的理事会构成而拥有更高的组织绩效。

理事会规模对企业基金会治理的影响

在非营利组织绩效研究中，理事会规模的影响一直是一个热点话题。研究认为，单一规模的理事会并不能够适用于包括企业基金会在内的所有非营利组织，组织需要多大规模的理事会需要根据理事会自身所处的环境而定。学者们对于理事会规模如何影响组织绩效持有不同的观点，但国内现有研究大多数认为，理事会成员越多，越有利于提升组织的财务绩效（张立民和李晗，2013）。陈钢（2017）认为理事会规模越大，越有利于提升企业基金会的组织绩效。根据这些研究，可将较大规模的理事会能够发挥积极作用的原因归纳为以下几个方面。一是更多的理事会成员可以带来更广泛的知识和信息，可以产生较强的互补性，从而提高决策和监督的效果（颜克高，2012）。二是理事会的成员越多，可能代表着更为广泛的利益相关方的利益，这预示着组织能够更加充分地沟通和协调多个利益相关方的利益诉求。三是理事会规模较大时，可以为非营利组织提供更多的运作管理、危机处理等方面的有形或者无形的资源，这更有利于提升组织的绩效。四是理事会规模越大，非营利组织越能更好地保证决策公平性（刘丽珑，2015）。而对于基金会等非营利组织绩效的提升来说，考虑决策的社会公平应该是首选，其次才应该是决策效率。

监事会规模对企业基金会治理的影响

陈钢（2017）通过理论分析认为，较大规模的监事会可以提升组织绩效，原因如下。首先，从内部监督的角度来看，理事会是企业基金会的决策人，可能会利用其拥有的权力以损害捐赠人的公益目标为代价谋取个人私利，同时管理者也可能利用其所处的信息优势地位采取机会主义行为。在监管机制和问责制度等不完善的情况下，较大规模的监事会可能拥有更为丰富的认知和经验，有利于对理事会和管理层进行更为有效的监督。其次，从外部监督的角度来看，基金会的受益人大都是零成本获益的，也没有动力对企业基金会进行监督（刘丽珑，2015），这使得代理问题在企业基金会中更为凸显，因此，一个规模较大的监事会，通过其经验丰富的成员，可能会更有效地监督组织，控制代理问题，从而促进企业基金会的有效运作。

然而，陈钢（2017）通过模型设计，对企业基金会 2011—2014 年的相关数据进行定量分析后发现，监事会规模与企业基金会的组织绩效之间没有显著的相关性，且有对组织绩效产生负向影响的倾向。可能的原因在于：一是监事会与发起企业、企业基金会理事会之间存在很强的依附关系，导致监事会更可能服务于发起企业的慈善动机，无法保证其监管的独立性；二是监事会的规模远远小于理事会的规模，在企业基金会更可能被发起企业约束和控制的情况下，无法起到监督的效果，甚至可能产生一定的负面影响。同时，黄榆茜（2017）也通过研究发现，在很多企业基金会中存在理事和监事职能的混淆，监事职能的压抑现象在很大程度上弱化了监事会这一内部监督机构的重要作用，使之形同虚设，甚至成为理事会的附庸。因此，黄榆茜（2017）认为监事会成员应该具有独立性、更加多元化，以利于企业基金会的治理。

综上所述，虽然从理论上看，较大规模的监事会可能有利于提高组织绩效，但在实际操作中，需要更多地关注监事会的独立性和功能发挥，以确保其有效地履行监督职能。

3. 中观：外部治理相关方

外部审计对企业基金会治理的影响

倪爱国和程昔武（2009）研究指出，非营利组织的信息披露呈现出自愿性披露到强制性披露再到补充披露的次序特征，且这三种披露方式对于构建组织信息披露的完整理论体系均不可或缺。其中，承担补充披露的便是作为社会中介机构的会计师事务所，其能审查和鉴证前两种方式披露的信息是否公允，同时也能进行必要的补充。张立民等（2012）利用全国性基金会的相关数据考察基金会的捐赠收入同外部审计选择之间的关系，发现外部审计的治理效果依赖于审计质量的高低，即当基金会聘用百强事务所进行审计时，能够获得更高的捐赠收入。陈钢（2017）认为虽然外部审计机构参与企业基金会的治理相比于其他类型的基金会更具复杂性和挑战性，但通过定性和定量分析发现，高质量的外部审计机构能够提升企业基金会的业务活动支出率，降低管理费用率，从而提升组织绩效。

总体而言，现有研究认为外部审计是慈善组织治理结构的重要组成部分，尤其是高质量的外部审计，对于提高组织透明度、促进资源的合理分配，以及提升组织绩效起着关键的作用。

债权人对企业基金会治理的影响

债务融资作为非营利组织获取资金的一种方式，对于组织的代理问题和运作效率有着复杂的影响。在信息不对称的情况下，非营利组织的管理者有较大的自主权将组织资源分配在无法实现组织目标的地方，而进行债务融资可以成为一种有效限制管理者或者专业工作人员的有效途径。因为债务融资使得债权人的财务利益与非营利组织紧密联系在一起，为了确保自身利益不受损害，他们有动力和能力监督管理者的决策和行为。然而，针对债务融资对非营利组织绩效的影响，不同的研究给出了不同的结论。我国学者张立民和李晗（2013）研究认为，基金会的资产负债比例越高，可能会受到来自债权人更有力的监督，这能够有助于基金会获得更高的运作效率。然而，陈钢（2017）根据我国企业基金会的现实情况和理论分析认为：一方面，企业基金会负债比率普遍较小，通过负债获取资金不但不足以缓解企业基金会对发起企业的资源依赖，进而无法抑制发起企业对企业基金会的约束，反而会因固有的还本付息的特性使得负债对企业基金会投入公益业务的资源产生挤出效应，且分配在管理费用中会提高管理费用率；另一方面，企业基金会负债比率较小，这也可能意味着债权人监督企业基金会运作的动力和能力较弱。在上述理论研究的基础上，陈钢（2017）通过定量分析发现，企业基金会的资产负债率与业务活动比率显著负相关，与管理费用率显著正相关，即通过负债获取资金有损于企业基金会的组织绩效。因此，该研究认为企业基金会应当慎重地对待通过负债获取资金的途径。

综上所述，现有研究认为，对于非营利组织而言，债务融资既有可能作为缓解代理问题的手段，也可能导致管理效率降低和资源分配不合理的问题。因此，企业基金会在考虑通过债务融资的方式获取资金时，应慎重评估其对组织绩效的潜在影响，并结合自身的具体情况做出合理决策。

社会监督对企业基金会治理的影响

有研究认为，基金会的公益性质和宗旨决定其需要社会公众的监督，且社会监督是保证基金会有效投资运作的重要机制（宋昊泽，2013）。宋昊泽（2013）认为，基金会投资监管滞后的原因之一是社会监督无法发挥效用，并提出建设有效的社会监督体系是完善基金会投资监管体系的一个重点。李新天和易海辉（2015）认为，社会公众（尤其是受益人）与企业基金会之间存在契约关系，能够扮演监督角色，这有利于缓解双方的代理冲突。陈钢和李维安（2016）指出，我国企业基金会出现较晚，囿于信息披露制度的不完善，社会公众无法知晓企业基金会的实际运行情况，导致社会监督无法发挥有效的作用。因此，采取能够促进社会监督效用发挥的有效措施，比如扩大信息公开范围、聘请社会监督员等，提升企业基金会运行的透明度，成为企业基金会健康发展的一个关键。

4. 中观：组织间的关系

现有对企业基金会治理与出资企业之间关系的研究颇丰。大多数研究认为出资企业应该适度参与企业基金会的治理。已有调查发现，我国企业基金会大多专业性较差，缺乏系统性、长期性的策略来促进公益使命的履行（全国工商业联合会，2015），这不利于有效改善社会福利和助推共同富裕（杨蕤，2022）。许睿谦、阳镇和杨东宁（2023）认为，企业基金会是一种融合了商业制度逻辑与公益制度逻辑的混合组织，在开展慈善活动的过程中容易受到商业制度逻辑的影响而产生使命漂移问题。并且现如今，企业基金会遭受质疑的核心就在于企业基金会是否完全附庸于企业而严重削弱了其公益使命。照搬其他类型非营利组织的治理模式或者说沿用公司治理模式成为当下企业基金会治理的两大误区（陈钢和李维安，2016）。因此，企业基金会是否要完全"去企业化"引发了广泛的探讨与争论（李维安，2015）。许睿谦等（2023）认为应该警惕企业基金会完全附庸于企业而削弱其公益使命，企业基金会治理应该兼具商业制度逻辑要素和公益制度逻辑要素。沈慎和阳慧颖（2014）认为企业基金会的治理可以将企业特长与公益专业性结合起来。企业拥有管理思想、资源以及产品等方面的优势，理念、动机、助人技术等又是公益的特色，将两者结合起来，就实现了"一加一大于二"的效果。陈钢和李维安（2016）认为根据企业基金会的组织特殊性，设计一套符合其健康发展需求且内外部各个治理机制能够发挥协同作用的治理模式，是企业基金会治理研究中的关键。褚湛（2017）认为将企业优势与企业基金会运作相结合，一方面要保证企业基金会为"公"，杜绝企业对基金会的干涉，不能让企业左右基金会的运作和发展，防止企业基金会成为企业谋取自身经济利益的工具；另一方面，不能绝对地割裂企业与基金会之间的关系，要保障企业捐赠资金的使用效率，确保企业的公益慈善意愿真正得到实现。但是，上述研究都未对两类治理要素如何融合与协同做出进一步研究。

《民营企业家公益慈善实践与思想认识研究报告》（2018）指出，可以依托统一战线优势，建立民营企业基金会协同行动平台，推动民营企业基金会横向联合、纵向发展，实现基金会与其他社会组织合作的匹配性、互补性、针对性、关联性和有效性。汪卉雪（2021）运用个案研究的方法，从企业社会责任的视角出发，对社会工作介入企业慈善行为的路径进行了初步探索，并提出可以构建企业社会工作慈善合作平台，由受助者、社会工作团队与企业基金会联合构成平台参与主体，构建多元协作的模式。

5. 宏观：制度层面

尽管现有文献对企业基金会的内外部环境已有探讨，但涉及中国制度环境的宏观层面的研究还比较少。陈钢和李维安（2016）认为，我国特殊的"强国家、弱社会"制度环境使得中国企业基金会的治理问题与西方国家可能存在差异，考察企业基金会的治理问题必须对相应的制度环境进行分析。由于企业基金会总是处于特定的制度环境中，不仅依赖企业的出资，还要符合政府的政策性要求，因此，制度环境会影响企业基金会的设立动机、时机和运行，牵扯内外部治理机制的效用，进而影响企业基金会的治理效率。中国作为正处于转型期的新兴市场国家的典型代表，为这类研究提供了天然的"实验室"。李维安（2015）受福耀玻璃董事长曹德旺以"捐股不放权"方式发起成立"河仁慈善基金会"的启发，认为要创新或完善相关法律法规，为企业基金会的治理转型提供保障。"捐股不放权"是对基金会相关管理制度的一种积极的探索，股权收益能够确保企业基金会在公益救济方面的及时有效，而企业掌握控制权又是出资企业维持正常运营的保障。除了在捐赠协议中设置特殊条款保证出资企业的控制权以外，还可以探索"优先股"模式，即企业通过发行优先股继而捐赠的方式，实现向企业基金会出资。孙光焰（2017）和陈思怡（2017）认为，根据现行《基金会管理条例》的规定，基金会仍然只能使用现金进行设立，这将极大地制约企业设立基金会，而允许以股权捐助的形式设立企业基金会具有重大的意义。

（六）企业基金会存在的问题

企业基金会在我国起步较晚，但近十多年来数量增长非常迅速。2004年《基金会管理条例》的出台为我国民间基金会的快速发展奠定了基础，企业基金会也因此而迅速涌现。根据《社会组织蓝皮书：中国社会组织报告（2022）》和《参与的力量——中国企业基金会发展研究报告》中的数据，2004年企业基金会在基金会总量中仅占2%，这个数字在2021年增至近20%，仅2004年到2018年，企业基金会数量便由12家增加至1300家，年均增速高达40%，而其他类型基金会的数量由880家增加至5734家，年均增长率不到15%，企业基金会增速远高于同期其他类型基金会。企业基金会作为慈善组织的重要组成部分，正在成为一支非常重要的力量。对于企业基金会的研究也在不断深化。早期关于企业基金会的研究侧重于探讨追求价值最大化的企业设立非营利性企业基金会的动机，包括战略慈善、专业化慈善等。随着资本市场与市民社会的融合、企业基金会的不断发展，相关研究也随之发生了变化。新近的研究主要基于委托代理理论、声誉理论等来分析企业基金会在发展过程中所遇到的问题。现有研究对于企业基金会发展中存在问题的分析可以总结为内部和外部两个视角。

1. 内部治理注重形式，缺乏实效和专业性

理事会的公益自治性未充分展开

企业基金会的内部治理结构包括理事会、监事会、秘书处等关键机构。理论与实践均表明，理事会作为非营利组织治理的核心，其角色和责任通常比企业董事会更为重要，包括决策和控制、政策制定、预算和财务监管、甄选和解聘行政主管等（刘宏鹏，2006）。从理论上说，出资企业在提供原始资金完成企业基金会的设立之后，就不能再以企业的意志影响企业基金会的运营。然而在实践中，企业基金会作为出资企业履行社会责任、投入公益慈善事业的载体，其理事会成员除了秘书长须为专职外，其他大多来自发起企业，而专业人士在管理层中的比例较低。理事会的独立性受到干扰，公益自治性未充分展开。刘懿（2020）分析认为原因在于：第一，理事会成员来源单一，成员各自的社会关系大多属于出资企业，获取信息的来源和方式难免类似，导致各理事会成员做出决策时较容易出现一致结果，理事会的决策机制被弱化；第二，企业基金会绝大部分的决策者都正在或曾经在出资企业担任高管，他们很可能在行使自己的职权时充分考虑决策对企业的影响，在做决策的过程中可能会倾向于为发起企业战略目标的实现提供服务，这意味着企业会对企业基金会的运作产生不容忽视的影响，甚至干预企业基金会的运作，进而导致其缺乏一定程度的自主性。同时，理事们也并非长期从事慈善工作的专业人士，其对基金会发展的规划和判断，以及对公益项目实施的决策和预判，不能非常肯定地说是没有局限性的。

总的来说，企业基金会与出资企业之间的紧密联系确实带来了一些明显的优势，如充足的资金来源、员工薪酬的稳定性、项目资源的共享，以及企业的带动作用等。这些优势为企业基金会的运作提供了强有力的支持和便利条件。然而，企业基金会的长期可持续发展仍需坚持其公益本质。确保这一点的关键是平衡商业利益与公益目标之间的关系，避免过度依赖企业资源而忽视公益使命。

监事无法形成有效约束

企业基金会的内部监督主要依靠理事会和监事来实现，理事会虽然在理论上拥有监督职能，但在实际操作中，理事会很难去质疑自身所做出的决定，而监事的人选通常来自出资企业，这可能导致监督职能的实际执行受到影响。黄榆茜（2017）认为在"理事会—监事（会）"的二元治理结构中，监事（会）的内部监督职能也相当重要。理事会拥有法定的最高决策权，而权力往往导致腐化，正是出于权力制衡的需要，才有了二元治理结构的设计，但我国的企业基金会平均只设立 1～3 名监事，他们的利益与出资企业有密切关系，很难保证内部监督的有效实施。并且，监事这一内部监督机构在当前中国的非公募基金会中有比较普遍的形式主义作风。一方面，非公募基金会没有太大的资金压力，对资金保值增值也比较保守，资金存管的风险较低，理事会往往认为内部监督职能没有太大的发挥空间，也就没有必要加以重视。另一方面，现行法律法规中对监事只有一般职能上的约定，而缺乏有别于理事的激励或惩罚措施，监事本身也很难对参与基金会治理有很高的积极性，因此很多非公募基金会在监事人选、监事职能的规划上都与理事的人选和职能缺乏区分，监事在理事会议中往往和理事共同参与议事，或只是将其当作虚衔，监事这一内部监督机构形同虚设。

缺少专业人才和公益专业性

中国的企业基金会在发展过程中面临着专业人才紧缺的挑战，这已成为制约其实现高质量发展的显著瓶颈。从整个人才培养的大环境来看，2022

年《中国民政统计年鉴》数据显示，我国包括企业基金会在内的慈善组织总数已超过10万家。这当中存在着巨大的人才需求。但清华大学公益慈善研究院等机构联合发布的《中国高校公益慈善教育发展报告（2021）》显示，国内高校自2019年才开始系统地推进慈善教育。截至2021年12月31日，全国仅有35所高等院校开展公益慈善专业教育，培养的慈善专业本科毕业生不足千人。因此，整个公益慈善领域的人才市场面临着巨大的人才缺口。此外，在实际运作中，尽管企业基金会员工的学历普遍较高，但在公益慈善专业技能方面存在不足，缺乏公益实践经验，限制了其日常运作和长期发展能力。

从企业基金会人才招募的实际情况来看，黄榆茜（2017）研究认为，基金会虽然是非营利组织中掌握较多财富和资源的组织，但由于基金会在行政管理费用比例和人员平均薪资水平两方面的限制，难以招募到和留住专业人才，这也是基金会发展中所遇到的重大问题之一。并且在当前中国，仍有许多社会公众对于非营利组织缺乏认识，普遍认为非营利组织的工作人员等同于志愿服务者或至少不应获得高薪，这也阻碍了对公益事业怀有热情又具备一定专业素养的年轻人进入这个行业。全职员工数量少、流动性大，是大部分基金会面临的尴尬。在企业基金会的员工方面，很多企业基金会的工作人员多为企业员工，虽然这有利于节约行政成本、融合企业优势，但是在行动时难以避免将企业利益而不是公益效益作为出发点。

同时，沈慎和阳慧颖（2014）根据现有数据调查统计指出，我国的企业基金会仍以散财的方式为主，专业性偏低，仅仅是拿出钱或物来递送给所需要的公众，虽然这样的行为是当前社会急需的行为，但其在打造、产生物质帮助之外的精神帮助效果方面存在着巨大的专业性差距。很重要的一点是，一些企业基金会虽然发挥了企业高效和务实的特长，但却忽视了人文关怀的精神和助人自助的理念，于是企业特长的天花板效应阻碍了企业基金会在公益专业性方面的发展。因为当企业基金会发展到一定的阶段之后，对于公共服务与公共管理的更高技术水平的要求就凸显出来。一是运用人文精神、社工技术，这既需要有独立的公益战略，又需要公益的专业性和管理技能。二是促使人们合作、参与，形成公共精神，通常这也超出了企业管理的范围。这都需要基金会具有独立于企业的纯粹公益人特征，而不仅仅是采取单纯的管理手法，同时这一套影响人文关怀的技术通常是无法用权力来实现的。此外，企业基金会在项目制定环节对项目的论证过于粗放，对社会问题的认识和分析流于表面，并未真正抓住社会问题的症结。这些都使得企业基金会的经济效益和社会效益不能达到最佳。

因此，沈慎和阳慧颖（2014）认为，基金会等非营利组织所从事的工作和其他社会部门一样，需要全职、专业的人来进行，他们也需要持续稳定地服务于固定的职位，并且需要被培训和被考核。但现实是，对于专业人才来说，基金会的薪酬福利水平缺乏竞争力、职业的社会认同度不高、缺乏职业发展通道，而对工作能力和个人素养的要求却可能比传统行业更高，这就导致了基金会行业既难以找到合适的人才并吸引人才加入，更难以留住人才。同时，我国对企业基金会组织内部的人员薪酬、经费开支等过分强调志愿性，不允许内部人员有过高的薪金报酬和行政管理开支。基于此，《基金会管理条例》对基金会内部人员的薪酬、管理开支等规定了相应的比例，超过即属违法。在此情形下，企业基金会内部人员难免消极履职，或为了自身利益形成利益集团，进而损害委托人的利益。

总之，中国的企业基金会还处于发展的初级阶段，仍有很大的提升空间。在企业基金会发展的道路上，专业而相对稳定的团队是基金会治理结构中不可或缺的一环。

2. 轻视外部治理，缺乏外部监督

对外部利益相关者缺乏系统性重视

李新天和易海辉（2015）认为企业基金会具有高度的社会关联性。企业基金会的外部治理相关方涉及出资企业、政府、媒体、第三方评估机构、受益人等。其中，出资企业通常是受到重视的主要利益相关方，因为他们提供的稳定捐赠财产是基金会存续的根本。基金会只有达到出资企业的期望，才有可能持续获得其支持。因此，基金会自然会将出资企业的利益放到较高的位置。

对于企业基金会与政府的关系，李新天和易海辉（2015）发现作为非营利组织的企业基金会，是政府提供公共产品职能的补充。两者在公共产品的提供上，通过隐性的契约，形成了明显的代理关系，政府为委托人，企业基金会为受托人。作为回报，各国政府对企业基金会除给予一定的财政支持外，主要通过设定相应的免税政策，吸引、鼓励捐赠人积极捐赠，促进企业基金会的发展壮大。但在现实中，相比于其他类型的非营利组织，企业基金会一般不需要从政府手中获得资金支持，不太承接政府项目，他们很少主动与政府部门打交道，而只是确保基金会在合规水平运作，并且政府部门主要依靠登记管理和年审进行监督，手段和力度有限。

黄榆茜（2017）研究发现，由于合作方和受益人群体随企业基金会项目的发展会发生变化，所以很难框定特定的范围；并且合作方需要依靠基金会的资金和项目输送来生存发展或完成工作目标，为了获得捐赠，有的合作方还会主动迎合捐赠单位的喜好。而受益人又往往是较为弱势的群体，他们很难从基金会获得完整的信息，即使权益受到侵犯，也很少能通过正规渠道进行维权。社会公众则是更为广泛和不确定的群体，因此很多基金会在资源和人力有限的情况下，会更优先去维持预算和项目规模，而不是追求项目的精耕细作和对受益群体的精神关怀。

缺乏有效的外部沟通渠道

在当前的社会环境中，非公募基金会在沟通和信息透明度方面存在一些明显的不足。尽管与外部利益相关者的有效沟通和信息的透明公开对于基金会的正常运作至关重要，但许多基金会并未充分重视这一点。官网是基金会最重要的信息公开平台和沟通渠道，但黄榆茜（2017）发现有的基金会官网上最新的信息停留在两三年前，有的基金会在官网上找不到任何联络信息，有的基金会官网只有简单的项目和募捐信息，而找不到理事会、章程、财务报告等重要信息，有的基金会官网则根本无人维护，已处于长期打不开的状态。截至 2022 年 12 月 31 日，被纳入 FTI2022 观测中的 657 家企业基金会中，官网建设比例为 35.5%，还未超过半数；企业基金会年报的发布情况相对较好，但仍有 10.4% 的企业基金会未能按照要求发布年报。

在网络和新媒体技术日益发展的当下，越来越多的基金会开通了微博和微信公众号，但又缺乏规划和维护，或是很少更新，或是内容粗糙零散，缺乏系统性，起不到增加用户黏度、扩大基金会影响力、提升基金会公信力的作用。除了这些主动架设的沟通渠道外，积极参与行业活动、与行业中间组织维持联系、参与行业发展也是外部治理的重要内容，但很多基金会只重视参与政府主管部门举办的会议和培训活动，对于基金会中心网、中国基金会发展论坛、慈展会等行业组织和活动缺乏了解。闭门造车可能使基金会无法很好地适应外部环境的发展，也使其更加缺乏对标行业标杆、优化自身治理的动力。

法律制度不完善

李新天和易海辉（2015）认为健全的法律责任制度是确保公益慈善财产安全，培育社会慈善理念，促进公益慈善事业健康发展的重要保障。所谓法律责任，是指法律关系主体承担的由于违法行为、违约行为或法律规定而产生的不利后果。本质上，责任制度是一种行为约束制度。当前，有关企业基金会及其内部人员法律责任的规定，主要体现在《基金会管理条例》第六章"法律责任"部分。但《基金会管理条例》作为行政法规，对（企业）基金会及其内部人员法律责任的规定较粗糙、抽象，追责主体、情形、程序等内容不完善。对代理人的责任追究不严，惩罚力度不够，其获得的收益大且成功概率大。实践中，"非营利组织运转出现问题，其理事很少遭到外部和内部的惩罚，几乎不承担任何风险"（李新天和易海辉，2015）。正是因为责任制度的不健全，导致对企业基金会及其内部人员的责任无法有效追究，难以阻止代理问题的产生。

此外，李新天和易海辉（2015）认为当前我国公益慈善法律不健全也是代理问题产生的重要原因。从西方发达国家的慈善发展经验看，健全的法律制度是公益慈善事业繁荣发展的根本保障。如美国、英国等都对非营利组织开展公益慈善活动制定了完善的法律。我国目前仅有《基金会管理条例》以及相关规范性文件作为制度支撑，基金会发展基本处于无法可依的尴尬境地。国家法律不健全，无法给代理关系的当事人提供充足的行为指引和结果预测，导致彼此间的契约难以完整。规范彼此权利义务关系的契约不完整，自然难以防止代理问题的产生。

（七）参考文献

[1] 陈钢. 企业基金会特殊性与治理机制有效性研究 [D]. 大连：东北财经大学，2017.

[2] 陈钢，李维安. 企业基金会及其治理：研究进展和未来展望 [J]. 外国经济与管理，2016，38（6）：21-37.

[3] 陈思怡. 股权设立企业基金会之价值探析 [J]. 时代金融，2017（6）：110，114.

[4] 程楠.《民营企业家公益慈善实践与思想认识研究报告》在京发布 [J]. 中国社会组织，2018（9）：12-13.

[5] 褚湛. 论我国企业基金会管理体制的建构 [J]. 现代管理科学. 2017（8）：112-114.

[6] 宫千千. 企业基金会治理机制：一个综合研究 [D]. 大连：东北财经大学，2017.

[7] 黄榆茜. 非公募基金会治理结构研究——以 H 基金会为例 [D]. 上海：上海交通大学，2017.

[8] 况学文，陈俊. 董事会性别多元化、管理者权力与审计需求 [J]. 南开管理评论，

2011, 14 (6): 48-56.

[9] 李晗, 张利民, 汤胜. 媒体监督能影响基金会绩效吗? ——来自我国的初步经验证据[J]. 中国经济问题, 2015, 289 (2): 98-108.

[10] 李维安. 破解企业基金会发展难题: 重在治理转型[J]. 南开管理评论, 2015, 18 (5): 1.

[11] 李新天, 易海辉. 公益慈善中的代理问题及其治理——以企业基金会为视角[J]. 浙江工商大学学报, 2015 (4): 46-54.

[12] 刘宏鹏. 非营利组织理事会角色与责任研究——基于中美比较分析的视角[J]. 南开管理评论, 2006, 9 (1): 103-112.

[13] 刘丽珑. 我国非营利组织内部治理有效吗——来自基金会的经验证据[J]. 中国经济问题, 2015, 289 (2): 98-108.

[14] 刘懿. H慈善基金会管理存在的问题及对策研究[D]. 深圳: 深圳大学, 2022.

[15] 刘忠祥. 中国基金会发展报告 (2013)[M]. 北京: 社会科学文献出版社, 2014.

[16] 倪国爱, 程昔武. 非营利组织信息披露机制的理论框架研究[J]. 会计之友 (中旬刊), 2009 (4): 11-14.

[17] 沈慎, 阳慧颖. 企业基金会: 期待将企业特长与公益专业性结合起来[J]. 中国社会组织, 2014 (13): 13-15.

[18] 宋昊泽. 我国基金会投资监管的法律研究[D]. 长春: 吉林大学, 2013.

[19] 孙光焰. 以股权设立企业基金会: 质疑与辩护[J]. 中南民族大学学报, 2017 (5): 142-147.

[20] 孙宁宁. 企业基金会治理路径优化研究[D]. 上海: 上海应用技术大学, 2020.

[21] 汪卉雪. 社会责任视角下企业慈善行为现状与社会工作介入策略研究——以XH基金会慈善项目为例[D]. 杭州: 浙江工商大学, 2021.

[22] 许睿谦, 王超. 中国企业基金会的发展促因研究——基于战略慈善视角的事件史分析[J]. 中国非营利评论, 2022, 29 (1): 1-21.

[23] 许睿谦, 阳镇, 杨东宁. "企业附庸"还是"使命至上": 制度逻辑对企业基金会使命漂移的影响与治理[J]. 外国经济与管理, 2023, 45 (9): 97-118.

[24] 颜克高, 罗欧琳. 关联理事的筹资效应: 基于高校教育基金会与校友会的关系

研究[J].中国非营利组织,2015(1):73-89.

[25] 颜克高.公益基金会的理事会特征与组织财务绩效研究[J].中国经济问题,2012(1):84-91.

[26] 杨平波.产权视角下非公募慈善基金会信息披露探讨[J].财会月刊,2010(15):36-37.

[27] 杨蕤.企业慈善行为、第三次分配与共同富裕[J].社会科学战线,2022(5):275-280.

[28] 张立民,曹丽梅,李晗.审计在基金会治理中能够有效发挥作用吗?[J].南开管理评论,2012,15(2):92-100.

[29] 张立民,李晗.我国基金会内部治理机制有效吗?[J].审计与经济,2013(2):79-88.

[30] 张楠,林志刚,王名.民营企业家战略慈善新模式:民营企业(家)基金会发展特征及影响因素分析[J].湖北社会科学,2020(6):49-59.

[31] 张文欣.企业基金会捐赠收入的影响因素研究[D].天津:天津财经大学,2019.

[32] 赵冠军.浅识慈善捐赠的底层逻辑[N].公益时报,2022-06-06(22).

[33] 周婷婷,常馨丹.社会组织党建是否推动了慈善事业的发展?——基于上市公司公益基金会的实证研究[J].外国经济与管理,2021,43(12):35-50.

[34] 郑琴琴,李志强.中国企业伦理管理与社会责任研究[M].上海:复旦大学出版社,2018.

三、文献评述

(一)国外文献评述

通过以上对国外相关研究的回顾,可以清晰地梳理出企业基金会的国外研究动态。国外有关企业基金会的研究主要是基于其与营利性企业之间的紧密关系开展的,主要包括以下三个层面。首先,微观层面主要关注个体。国外有研究证实了发起企业CEO的社会关系能够对企业设立的基金会的决策制定产生重要影响。其次，中观层面主要关注组织。国外有关企业基金会组织层面的研究主要基于战略理论、资源依赖理论等，探讨企业发起设立基金会的原因、企业基金会具有的特殊性等，且有研究实证考察了企业基金会与非企业基金会之间的行为差异。另外，该层面的研究关注到了企业基金会的自主性问题，认为企业基金会作为独立的法人组织，因与发起企业之间存在紧密联系，所以面临自主性方面的治理问题，而设计完善的企业基金会治理机制是保障其自主性的关键。最后，宏观层面主要关注不同组织之间的关系。有研究基于宏观层面的制度背景探讨了企业基金会的特殊性，认为企业基金会是旧的经济与社会制度破灭、新的经济与社会制度形成过程中的产物，能够使企业与非政府组织构成紧密的关联关系，进而更好地为解决社会问题提供服务。因此，从企业基金会与营利性企业之间的关系出发，探究企业基金会及其治理特殊性成为这一领域的主要研究视角。

然而，国外相关研究也存在一定的不足之处。首先，虽然有研究从企业基金会与发起企业之间的密切关系的角度探讨了企业基金会及其治理特殊性，但仅限于定性分析，没有从理论角度深入分析这些特殊性的内在机理以及从定量角度考察对企业基金会造成的具体影响。其次，相关研究大都将基金会视为具有单一非营利性边界的社会组织，主要考察其绩效的影响因素，而对于企业基金会这一跨经济性和社会性的边界组织的绩效关注不足，而且鲜有涉及企业基金会具体捐赠行为的研究。最后，虽然有零星研究关注到企业基金会的治理机制设计问题，但仅限于定性分析，且不具有系统性，更未利用实证范式考察企业基金会内外部治理机制的治理有效性。

（二）国内文献评述

通过以上对国内相关研究的回顾，可以清晰地梳理出企业基金会的国内研究动态。国内有关企业基金会的研究主要是围绕营利性出资企业展开的。首先在微观个体方面，主要关注内部管理人员的社会关系、社会背景和性别对企业基金会的影响。例如，基金会管理者中是否有更多的政府、非营利机构工作背景的人员等。并且，大多数研究是以基金会是否发生使命漂移行为，或对公益性支出、捐赠收入、管理费用类支出和筹资能力的影响作为考察企业基金会运作的重要视角。但可能由于数据获取的难度，缺乏以企业基金会的透明度、运行效率等为视角考量企业基金会组织绩效的标准。同时，未来研究应该借鉴公司治理研究领域中的高阶理论，探讨企业基金会高层管理者个体层面的更多因素对企业基金会绩效的影响，例如任职背景、年龄、学历等。其次，在中观层面，现有研究主要围绕企业基金会与出资企业的关系，探讨企业基金会具有的特殊性。对于企业基金会的发展促因研究，有研究者在国外文献基于战略理论、资源依赖理论等探讨企业发起设立基金会的原因的基础上，定量分析了企业基金会的发展促因。虽然有很多研究分析了企业基金会存在的问题，但只是理论定性分析，并未考察对企业基金会治理的具体影响。对于企业基金会如何治理，国内研究更多的是提出了建议的方向，并未给出具体意见和可操作的办法、措施，以及定量的实证支持。最后，宏观层面主要关注了国内相关制度，提出要创新或完善相关法律法规，为企业基金会的治理转型提供保障。但是相关研究并不深入，没有提出具体的措施和方法。

实践篇

一、香江社会救助基金会

作为中国第一家国家级非公募基金会，香江社会救助基金会（以下简称基金会）从2005年成立至今，始终聚焦教育、扶贫、救助、赈灾四大领域，直接帮扶超过400万人次。作为乡村振兴领域的深耕者，基金会于2018年创设香江心灵成长计划，旨在改善乡村地区儿童心理健康教育及服务资源不足的问题。

发展背景

党的十八大以来，以习近平同志为核心的党中央高度重视和关心广大学生的心理健康和成长发展。近年来，我国不断修订有关中小学生心理健康的纲要和行动方案，但尽管政策一再推动，从政策到落地乡村学校之间总是存在着"最后一公里"的鸿沟。政府相关资源的充足程度、普及广度和执行力度还不理想，留守儿童缺乏陪伴的特性使得乡村地区对心理健康教育的需求更显迫切，急需社会力量进入提供心理健康服务的轨道，且能够在该领域持续投入和成长。

因此，在供给远小于需求的形势下，基金会充分发挥社会组织在构建和谐社会、助力乡村振兴中的重要作用，以国家政策文件的关注度为杠杆，探索可复制的乡村儿童教育公益服务模式和执行标准。基金会承担并履行企业社会责任，创设香江心灵成长计划为乡村学校提供心理健康服务，投入大量资金、人力与社会资源，使覆盖地域、学校、受益对象等数量大幅增长。截至2024年上半年，项目累计覆盖来自17省份48市70县区的1196所乡村学校，服务乡村儿童超60万人次，其中为377名学生提供心理咨询，预警自伤自杀倾向共30例。这是具有重大价值含量的社会产出。

创新实践

■ **扎根县域，形成模式**

香江心灵成长计划是国内最早关注乡村儿童心理健康教育困境的公益项

目之一，建立了乡村儿童心理服务体系，通过心理科普、心理课程、心理咨询逐层深入地服务陪伴乡村儿童，并构建了系统化、可复制的"同心圆"项目模型（见图39）。

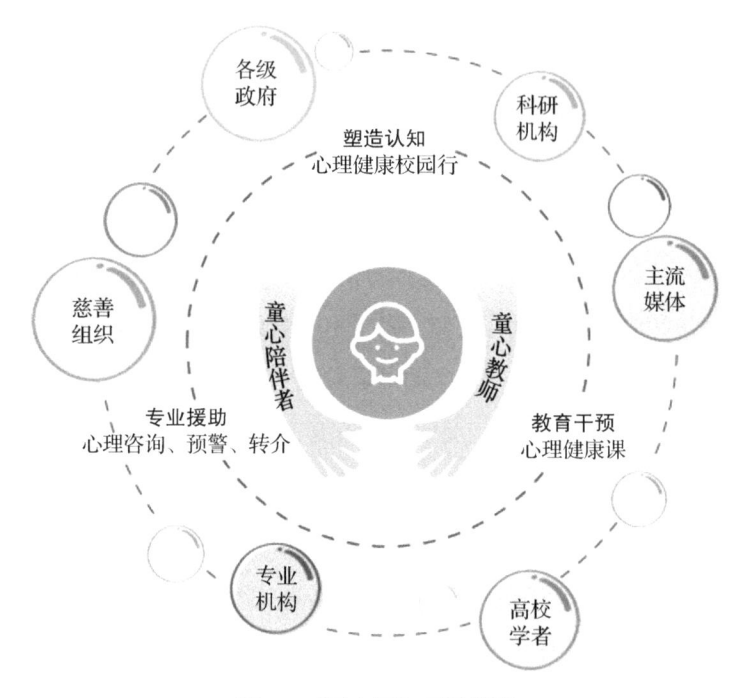

图39 "同心圆"项目模型

项目成立以来，扎根县域，重点资助位于国家乡村振兴重点帮扶县（四川省凉山彝族自治州美姑县、广西壮族自治区百色市德保县等）和三区三州①的乡村学校开展心理健康活动。心理健康课程是社会组织最为广泛使用的儿童心理健康教育解决方案，但无法满足乡村学校"个案干预"的迫切需求。对学生进行心理干预的专业性要求极高，资金需求大，鲜有同行开展相

---

① "三区"是指西藏自治区、新疆南疆四地州（和田地区、阿克苏地区、喀什地区、克孜勒苏柯尔克孜自治州）和四省藏区（包括青海藏区、四川藏区、云南藏区、甘肃藏区）；"三州"是指甘肃省临夏回族自治州、四川省凉山彝族自治州和云南省怒江傈僳族自治州。

关公益项目。

为此，香江心灵成长计划"向外"链接各级政府、慈善组织、科研机构、专业机构、高校学者及主流媒体等多方社会资源，联动各界共建儿童心理健康社会责任生态圈。项目设立专家库，制定儿童青少年心理咨询师筛选标准，将合适的在地心理咨询师纳入"童心陪伴者"队伍，为出现心理问题的学生提供心理咨询。同时，制定特殊情况反馈与风险预警办法，及时转介高风险个案。项目的"专业援助"模块在一定程度上填补了乡村儿童心理咨询服务的空白，探索了乡村儿童心理服务的公益新模式。

■ **有效陪伴，触发改变**

2023年，项目组邀请北京七悦社会公益服务中心开展项目中期评估，评估团队认为民主参与式的心理课起到了教育引导和持续陪伴的作用，促进了学生人格的发展。不同于应试教育的内容与形式，这种新型的上课方式激发了教师的自主性，学生的学习意愿更强，投入与专注程度更高。教师亦能在上课过程中鉴别出有心理健康风险的儿童，再以心理辅导、社工手法帮助学生远离风险。通过引入心理知识与新型的上课方式，使得学生在心理课上打开自己的心灵，产生强大的疗愈作用，并且在课后进入家庭疏通亲子关系，具有质变意义。同时，项目将社工力量引入学校，激活了社会力量，缓解了乡村学校专业人手不足的问题。社工机构通过开展本项目，发展了自身解决问题的专业能力，实现了培育在地人才的目标。

项目组定期开展线上评估及实地走访，监测项目实施效果。在河南省安阳市安阳县洪河屯乡第二初级中学的反馈中提到："通过心理咨询老师的谈话、疏导，使得这部分学生的行为有所改变，与人相处中的冲突也减少了，学校的管理压力相对减轻。"对58名接受心理咨询的学生进行的匿名调查显示，88%的学生认为自从和心理老师谈完后，情况有改善，增加了解决心理困扰的信心。作为童心陪伴者的心理咨询师施文惠说自己看到"孩子从不自信、反应慢、逃避人际沟通，变为现在的自信阳光，有了自己的内驱力和抗挫力，走上自我发展的道路"。学生在给心理咨询师的感谢信中写道："很感谢您细心的指导，让我变得越来越快乐，我好像一点点探索了自己的向往，您对我的帮助真的非常大。"综合各方反馈可知，项目进入县域后确实为当地乡村学校及乡村儿童带来了真实的改变。

■ **专业引领，卓有成效**

为引导社会关注儿童心理健康领域，基金会持续在专业引领方面下功夫。2021年，与中国科学院心理研究所国民心理健康评估发展中心联合发布全国首份《乡村儿童心理健康调查报告》，报告部分收录于《中国国民心理健康发展报告（2021—2022）》，数据多次被高校、医院、主流媒体引用。2022年，联合华中师范大学谷传华教授团队，升级标准课程体系。2023年，与广东高等教育出版社合作出版《乡村儿童心理健康调查报告》。

此外，第十四届全国政协委员、基金会创始人翟美卿通过全国政协平台，于2019年、2021年提交《关于推进农村儿童心理健康服务体系的建议》和《关于加强中小学心理健康教育建设的建议》，皆获教育部复函；于2023年提交《关于推进乡村儿童心理健康服务体系建设的建议》。提案除了得到国家部门的回应外，更引起大众对儿童心理健康的重视。

香江心灵成长计划亦得到了政府、公益界的广泛认可。2020年，项目荣获第八届中国公益慈善项目交流展示会颁发的"深善至臻公益项目"称号。2021年，民政部授予基金会"全国农村留守儿童关爱保护和困境儿童保障工作先进集体"称号。

未来展望

未来，香江心灵成长计划将坚守"用专业有趣的心理产品，滋养每一颗童心"的使命，通过启用"香江心灵"小程序，为乡村儿童提供数字化心理健康服务。"香江心灵"是全国首个面向乡村儿童、乡村家长开展心理健康辅导的智能化公益平台，打破了地域限制，有助于改善心理健康资源城乡分布不均的现状。

帮助乡村儿童健康成长，是一项涉及千万户家庭切身利益的民生工程，对提高国民素质、建设和谐社会意义重大。香江心灵成长计划将继续争取更多人共同助力儿童心理健康发展，实现"让每一个孩子有爱、有梦、有尊严"的愿景！

二、万科公益基金会

万科公益基金会是由万科企业股份有限公司2008年发起成立、民政部主管的全国性非公募基金会。自2018年以来，万科公益基金会以"面向未来，敢为人先"为理念，在2018—2022年五年战略规划框架下，关注对未来影响深远的议题，以打造可持续社区为目标，推动实现人与社会、人与自然的和谐共进。万科公益基金会遵循"研究—试点—赋能—倡导"的工作价值链，与全国数百家公益组织密切合作，并携手企业员工、社区业主、专业机构和人士、志愿者等相关方，从政策、立法、市场、国际平台等多个维度，共建公益强生态，共促可持续发展。

2023年，万科公益基金会开启了新一轮五年战略规划（见图40），以"美美与共的未来家园"为愿景，重点对标联合国可持续发展目标（SDGs）目标9（产业、创新和基础设施）、目标11（可持续城市和社区）、目标12（负责任消费和生产）、目标13（气候行动）、目标17（促进目标实现的伙伴关系），聚焦碳中和社区示范推广、社区废弃物管理、中国气候故事讲述三大重点战略模块，以生物多样性为亮点，实践和传播可持续社区理念，担当促进国际社会有效合作的先锋力量，使每个人都成为美好生活的行动者。

自成立至2023年12月31日，万科公益基金会在社区废弃物管理、绿色环保、救灾抗疫、古建筑保护、教育发展、精准扶贫、儿童健康等领域的公益投入累计已达到9.49亿元。

图 40　万科公益基金会五年战略规划

扎实管理

作为在民政部注册的公益机构,万科公益基金会最高决策机构为理事会,另设监事会,监督理事会及秘书处的工作情况。秘书处是基金会的执行机构,负责执行理事会通过的有关决议并落实工作计划。2023 年,万科公益基金会换届选举产生第四届理事会。新一届理事会由9位理事组成，分别为王石（理事长）、周卫军、刘小钢、陈一梅、解冻、谭华杰、张海濛、王振耀、谢晓慧（秘书长）；监事2位，分别为万捷、张敏。其中4位理事来自万科集团，体现了万科集团对于基金会的高度重视。为实现更有效的治理，理事会下设5个专项委员会：财务预算委员会、投资理财委员会、项目审核委员会、提名章程委员会和战略规划委员会。通过权责明确、分工清晰的工作机制，确保了万科公益基金会的健康运转。

同时，万科公益基金会还积极发挥自身在公益领域的影响力与带动力，积极推动万科集团实现"绿色化"运营。自2019年起，推动万科集团开展办公零废弃行动，实现总部园区垃圾分类有效率达90%、集团员工垃圾分类参与率达97%、垃圾分类知识知晓率达95%，集团获评"深圳市2022年生活垃圾分类绿色单位"称号。此外，万科公益基金会还持续支持万科集团开展系统性志愿活动，覆盖绿色环保、儿童成长、儿童医疗、乡村教育四大议题，多渠道、多手段营造志愿氛围，落实"民办公助"机制，构建企业志愿精神的价值感与荣誉感。

创新实践

在万科集团的支持下，自2021年起，万科公益基金会在国家"双碳"目标和深圳市相关政府部门的指导下，在深圳市东部的梅沙片区携手多方共建梅沙碳中和先行示范区。2021年底，梅沙碳中和先行示范区入选深圳市近零碳排放区首批社区试点。2022年被纳为《深圳市应对气候变化"十四五"规划》中的碳中和示范项目，并作为深圳代表案例入选C40 "2022绿色繁荣社区试点项目案例"。2022年，梅沙碳中和先行示范区落地建成梅沙自然教育中心，并于年底入选共青团深圳市委员会深圳市少先队校外实践基地（营地）。相关建设经验被带到联合国气候大会和生物多样性大会等国际平台上进行分享。

■ **低碳建筑构建可持续社区新动能**

占地面积约 6.2 万平方米的梅沙万科中心（见图 41）在设计之初就将"绿色环保"理念深植其中。从外遮阳系统、自然通风与采光、屋顶光伏系统、雨水收集系统、全场景环保材料使用、开放空间的生态绿化六个方面，全方位打造建筑与科技和自然的融合。早在 2010 年，梅沙万科中心就获得了美国绿色建筑委员会的最高级别认证——LEED 铂金级认证，也是国内首座获此认证的商办建筑。

图 41 梅沙万科中心低碳建筑

2022 年，项目推动园区内的低碳设施进行技术提升，整体更换建筑体空调，启用更高效的机房系统，实现节能 55%；更换屋顶太阳能板，使清洁能源发电量提升到 3 倍。通过可再生能源、绿色环保建筑材料、数字能源三大技术的深度耦合，结合大范围的屋顶光伏系统，将园区建筑综合节能率提高到 85%，并在运营期实现 100% 绿电使用，建筑能耗下降 60%，现阶段园区光伏发电量为每年 78 万千瓦时，园区绿电比达到 85%。零废弃循环机制实现厨余垃圾 100% 和绿化垃圾 40% 在地资源化，减少资源浪费，推动循环经济发展，园区年二氧化碳减排量超 800 吨。园区年碳排量减少 93%，屋顶 + 地面整体绿化率超过 100%[①]。

■ **黑水虻助力园区有机废弃物在地循环**

社区废弃物管理是实现"双碳"目标的重要一环。部分社区废弃物尤其是有机垃圾（厨余）如果处理得当，可以作为可再生资源实现循环利用。以厨余垃圾为例，其含碳量较高，如将其中的有机质循环利用，可以增加碳封存，达到减少碳排放的目的。万科公益基金会创新性引入"黑水虻厨余处理技术"——利用黑水虻生物式处理社区厨余垃圾（小小的黑水虻幼虫能够在 8 天内吃掉比自身重 20 万倍的厨余）。结合社区堆肥技术，黑水虻排泄物连同园林垃圾在科技与时间的双重加持下，成功转化为改善土壤质量的有机腐殖质，由此，万科公益基金会在梅沙万科中心成功构建起"黑水虻—社区堆肥—共建花园"的物质流循环模式（见图 42、图 43）。2022 年全年园区处理有机废弃物 30.8 吨，其中包括厨余垃圾约 24.5 吨、绿化垃圾约 6.3 吨，通过循环模式共产出有机腐殖质 14.7 吨，主要用于园区内乔灌木施肥，还充分利用这些有机质建造了梅沙万科中心屋顶花园。2021 年至 2023 年，园区内化肥用量减少近 1/2，实现了全园区厨余垃圾 100% 和绿化垃圾 40% 的在地资源化利用。这种社区层面基于自然的厨余垃圾解决方案，在全国甚至全球都处于前沿。

■ **共建花园贡献城市生态多样性**

在梅沙万科中心屋顶，拥有一片约 300 平方米的共建花园（见图 44）。2020 年 11 月，梅沙万科中心屋顶花园成为"深圳市 2020 年度十佳社区共建花园"中的一员。在回应民众种植生产需求、充分利用园区堆肥促进土壤改良之外，项目还注意到了城市传粉昆虫的生存需求。根据花园公约，屋顶花园范围内不使用任何农药，保障了城市传粉昆虫的安全。从 2022 年开始，

---

① 由于地上的绿化面积加上屋顶的绿化面积超过原本的占地面积，所以是超过 100%。

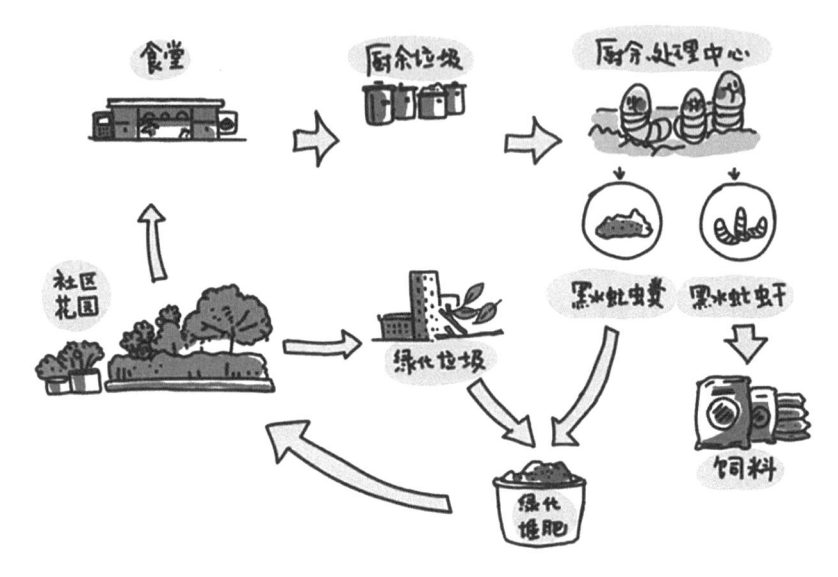

图 42　梅沙万科中心利用黑水虻技术处理有机垃圾循环示意图

图 43　梅沙万科中心黑水虻小屋

在梅沙万科中心屋顶共约 7000 平方米的绿化区域重新进行了土壤改良、入侵植物清理、蜜源植物种植等工作，努力提升对城市传粉昆虫的有效保护水平，已经吸引超过 20 种传粉昆虫到此访花停留。屋顶花园正在成为一个融合自然教育、生态服务、休闲娱乐、沟通交流等多元功能的绿色公共空间。丰富的植物资源，富有肥力的土壤，形成了相对稳定的生态系统，这些都是滨海社区应对气候变化冲击的坚实基础。

图 44　梅沙万科中心屋顶花园

■ **公众参与营造碳中和社区共建氛围**

除了硬件上的升级改造外，还很重要的就是"软件"部分——公众意识和生活方式的改变。项目探索通过公民科学、社区参与等多样的形式激活在地社区，持续培育社区"低碳意识土壤"（见图 45）。2023 年，园区先后获得"广东省自然教育基地"、中国林学会"全国自然教育学校（基地）"、深圳市少先队校外实践基地（营地）和少先队深圳市生活垃圾分类蒲公英校外实践基地授牌；其中"'碳'觅黑水虻世界"课程荣获"2023 年中国林学会自然教育优质活动课程"。

图 45　学生参加自然教育课程

2021年至2023年，园区举办了上百场主题多样的公益活动，包括各类公益主题论坛、园区二手物品交换市集及青少年低碳实践行动等，吸引了社会组织、研究学者、学生代表、政府部门等多方共同关注可持续发展议题。园区常设多个与低碳、可持续议题相关的公益展览，如"冰与煤"节选特展《冰之河：大喜马拉雅山脉冰川的消逝》等；引入韩美林福牛雕塑艺术品，该雕塑是万科公益基金会与故宫博物院合作的"故宫零废弃"项目的成果之一，由来自故宫的3000个矿泉水瓶、2000个矿泉水瓶盖、8000个吸管、500个快餐盒等可回收物制作而成，实现了废弃物的华丽艺术转身。

梅沙万科中心每年都接待来自碳中和领域的各行业参观团体。这些社会组织、企业、政府、中小学及高校代表参观园区后，深入了解了绿色建筑、能源管理、循环经济等方面的实践成果，并将这些经验传播到自己所在的行业和组织中。截至2024年8月，园区已经接待访客超4万人，在扎实推进建设的同时也为各方分享了低碳社区建设经验。园区也在联合国气候变化大会第28次缔约方大会（COP28）期间，通过在蓝区和绿区的多维度展示，向世界展示了中国在应对气候变化方面的具体行动成果（见图46）。

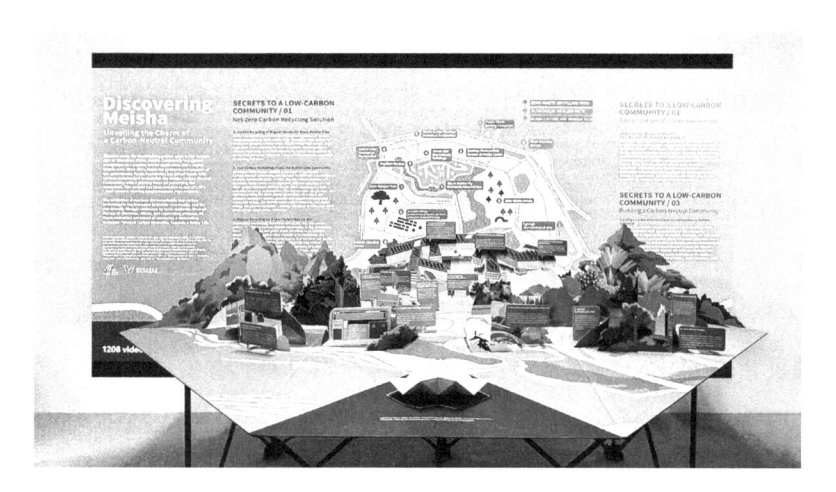

图 46　COP28 现场"遇见梅好"——梅沙碳中和社区展快闪活动

未来展望

基于梅沙万科中心打造碳中和园区的模式，万科公益基金会也在积极联合多方推动整个梅沙碳中和社区的建设，在郁郁葱葱的马峦山与碧波荡漾的大鹏湾之间，梅沙正在逐步显露出一个中国式碳中和社区的雏形。在这条探索道路上，万科公益基金会将继续积极发挥社会组织的独特优势，广泛联结各方资源，共建共治共享一个生态友好、生活美好的绿色低碳社区。

三、阿里巴巴公益基金会

阿里巴巴公益基金会成立于 2011 年，是民政部主管的全国性非公募基金会。阿里巴巴公益基金会以"天更蓝、心更暖，更多人帮助更多人"为愿景，积极回应、践行国家战略，以专业公益的理念和方法聚合、动员阿里巴巴集团及生态伙伴的力量，推动科技向善，倡导人人公益。

发展背景

为助力中国欠发达县域从脱贫迈向振兴，帮助欠发达县域从根本上解决思想观念和发展意识滞后、基础设施薄弱、社会资源匮乏、人口素质相对较低、人才短缺等问题，阿里巴巴公益基金会创新启动"乡村特派员"项目，从 2019 年 6 月开始，派驻资深员工到县域，查找制约当地发展的"痛点"，整合阿里巴巴的资源，助力县域高质量可持续发展。在巩固脱贫成果的基础上，从产业、人才、科技三个方面助力乡村振兴，使广大乡村人民受益。截至 2023 年 10 月底，阿里巴巴公益基金会累计派出 29 位乡村特派员，先后驻扎在贵州普安、云南澜沧、四川喜德等全国 13 个省份的 25 个欠发达县域，逐步探索出社会力量助力乡村脱贫与乡村振兴的创新模式。

创新实践

■ 发挥电商优势，促进产业升级

特派员根据当地的产业发展实际及需求，结合阿里巴巴集团的优势与资源，带动当地产业发展。利用互联网技术完善供应链体系，提升农业科技化、标准化和市场化水平，帮助更多县域实现由"品"到"业"的全面升级。依托阿里巴巴集团的渠道，利用阿里巴巴生态的聚划算、淘宝直播、盒马、芭芭农场等平台资源，在淘宝开设"土货鲜食"专区，集中资源帮扶农产品上行。

在县域公共品牌建设上，通过"寻找远方的美好"项目吸引超 1000 名阿里巴巴与社会机构的设计师，从农特产品包装、文旅产品到县域品牌进行全案设计，截至 2023 年 12 月，已为 14 个县域设计全套的县域品牌方案，助力县域品牌升级。

在物流体系升级上，截至 2023 年 12 月，特派员在所驻县域建成了 17 个物流共配中心，4 个产地仓，解决了农产品上行难题。

在农产品规模化销售上，通过全平台营销矩阵和全域传播矩阵的搭建，形成线上线下全渠道的营销体系。2022 年，特派员所驻县域在阿里巴巴平台的销售额超 14.3 亿元。

以云南澜沧为例，阿里巴巴乡村特派员帮助澜沧打造特色产业优势。以咖啡为核心农产品，通过设计、宣传、销售全方位打造咖啡特色品牌，例如邀请阿里巴巴的设计师为澜沧咖啡设计寻味乡村系列包装。聚合芭芭农场、淘宝直播等平台资源，助力农产品上行，并邀请行业专家进行顶层设计，做好澜沧特色产业规划，截至2023年12月，累计助力澜沧销售农特产品超300万元（见图47）。

图47 芭芭农场助力澜沧普洱咖啡线上销售

■ 注重人才培养，创造多元就业

特派员在县域构建"留、育、引"人才培养体系，促进乡村人才振兴。特派员紧跟国家数字经济发展方向，引入阿里巴巴客户体验中心、数字标注中心等新型数字化就业项目，为当地人提供家门口的就业机会。员工月薪平均3500元，收入最高可超10000元，吸引了越来越多的年轻人返乡就业。此外，落地假发社区工厂、穿戴甲社区工厂、非遗手工业等就业项目，一方面帮助留守妇女实现赚钱和带娃兼顾，另一方面为非遗传承与发展提供动力。截至2022年底，就业项目已覆盖16个欠发达县域，累计带动超7000人就业。

在四川苍溪，特派员引入阿里巴巴客户体验中心，让更多年轻人返乡就业，并逐渐引入电子商务配套服务企业，通过"数字服务业人才技能＋实践结合"的专业培训，培养数字化人才。截至 2023 年 12 月，上岗 170 多人，平均年龄 27 岁，本科以上学历 10 多名，返乡青年 40 多名。数字化就业岗位推动当地新型服务业态升级，助力发展数字经济智慧产业，带动县域经济发展，激发产业活力。特派员在当地广泛开展电商陪跑计划、民宿培训等项目，帮助欠发达县域培育、储备人才。同时，特派员还通过引入物流、金融基础设施等资源，为欠发达县域创造良好的营商环境，让更多年轻人愿意返乡创业就业。此外，在公共服务人才培养上，落地养育未来、乡村教育计划、职业教育计划、基层医生培训、月嫂培训（见图 48）等项目，构建了覆盖全年龄段的多元化乡村人才培养体系。

图 48　中国妈妈——"爱心月嫂"女性就业赋能培训项目开班仪式

在贵州雷山，特派员依托淘宝教育、村播学院培训资源，举办线上线下电商培训，并聘请专业电商老师常驻雷山，重点跟踪辅导县供应链公司、西江旅游集团等多家企业，提升本地头部企业的电商运营水平，培育电商氛围；以数字化学习平台为载体，协同阿里健康并联合业界权威机构、专家，为基层医院提供医生队伍建设所需的在线专业课程、远程临床支持、线下实操培训、专家义诊等服务；联合中国乡村发展基金会培训月嫂，并打造"黔雷月嫂"劳务输出品牌。

■ **发挥科技优势，助力乡村数智化**

阿里巴巴公益基金会认为将科技的力量充分注入乡村产业振兴大局中，应用到生产、供应、物流、销售、金融等全链路，将产生事半功倍的效果。特派员在乡村振兴的最前线作为"侦察兵"洞察县域需求，协同阿里巴巴技术人员，以公益的方式共同提供有力支持，为县域提供技术保障、培训、教育等项目，为乡村注入科技力量。截至2022年底，已完成12个项目，涵盖文旅、农业、溯源、文物保护、数字化便民服务等领域。此外，阿里巴巴公益基金会联合阿里巴巴生态力量，不断探索互联网优势与乡村实际需求紧密结合的创新路径。

在四川喜德，特派员联合阿里巴巴公益基金会、88VIP团队和淘宝设计团队打造"守护远方的美好"项目，以会员平台数字化能力开发喜德漆器的数字藏品，于2023年6月19日启动线上兑换，全球限量4000件，助力文化遗产保护及发展（见图49）。截至2023年底，该项目已累计为全国4县发布近7万件数字藏品，所得资金用于非遗及文物保护项目。

图49 "守护远方的美好"项目开发数字藏品，助力文化遗产保护及发展

■ 巩固脱贫成果，健全优质保障

乡村公共基础设施建设是乡村振兴的关键。在教育方面，特派员通过乡村寄宿制学校计划在不同地区的项目试点学校打造农村寄宿制学校样板，助力各地小微学校进一步撤并，并在学校建设、管理、生活老师培训等方面提供帮助，让乡村儿童健康快乐地成长。在医疗健康方面，通过人人可参与的公益宝贝平台中的"乡村医疗计划""小鹿灯——儿童重疾项目"，推动乡村卫生室的良性发展，优化农村卫生资源配置，并为乡村重疾儿童家庭带来新的希望；另外还有"大地新芽母婴健康关爱行动"等项目，对保障农村地区居民健康具有重要意义。截至2024年3月31日，"乡村医疗计划"已新建或翻建394所卫生室（见图50），为936所乡村卫生室提供设备支持，开展村医培训238场；"小鹿灯——儿童重疾项目"累计在全国16个省份的57个欠发达县域及浙江山区县开展180多场义诊，援助符合条件的患儿1967名。

图50 在"乡村医疗计划"的支持下，县域卫生室焕然一新

未来展望

阿里巴巴乡村特派员扎根基层，赋能乡村，发挥了连接科技与平台的特

有价值，打造了社会力量助力脱贫攻坚与乡村振兴的新模式。所派驻县域重点覆盖了西南、西北、华北、东北等不同地区的欠发达县域。2023 年，阿里巴巴乡村振兴特派员团队获得由农业农村部办公厅和国家乡村振兴局政策法规司指导颁发的 2022 年度"三农人物"年度致敬团队奖。

未来，阿里巴巴公益基金会将坚守乡村振兴的初心，持续完善乡村特派员工作机制及管理体系，与地方政府密切协作，实时关注欠发达县域不断变化的需求，尽己所能、尽展所长，探索以社会力量推动乡村振兴的新路径，成为乡村振兴的强大助力。

四、上海复星公益基金会

上海复星公益基金会（以下简称复星基金会）成立于 2012 年 11 月，秉承复星"修身、齐家、立业、助天下"的理念，深耕应急救灾、健康、乡村振兴、青年创业、教育、文化艺术等领域，坚持服务社会、服务人民、服务国家，与时代同频共振，益行善举。

发展背景

在党中央发出至 2020 年消除绝对贫困，一定让广大农村地区百姓实现"两不愁三保障"的号召后，复星基金会基于复星创新驱动的全球家庭消费产业集团的产业基础，聚焦健康领域开展扶贫工作。2017 年，在国家卫生健康委扶贫办（现为乡村振兴办）的指导下，复星基金会联合中国光彩事业基金会、中国人口福利基金会等，启动了"健康暖心——乡村医生项目"（以下简称乡村医生项目）。复星基金会瞄准精准扶贫的薄弱环节——农村人口的基本医疗保障需求，切实实施乡村医生项目，守护、赋能、激励乡村医生。通过全方位的立体帮扶计划，为贫困地区培养并留住合格的乡村医生，减少因病致贫返贫，进一步提升基层医疗卫生服务水平和公共卫生服务可及性，助力国家脱贫攻坚和乡村振兴。

创新实践

■ 扶助村医发展，守护村民健康

"五个一"工程是乡村医生项目的常态化帮扶举措，即"开展一个乡村医生保障工作、推出一个乡村医生能力提升工程、组织一批暖心乡村医生评选、升级一批智慧卫生室、救助一批大病患者"。截至2023年底，已覆盖16个省份的78个重点帮扶县，累计派出371人次驻县帮扶，守护2.5万名乡村医生，惠及300万基层家庭。

守护、赋能、激励乡村医生

守护乡村医生扎根基层。复星基金会对项目范围内的村医免费投保团体意外险和重疾险，为乡村医生开展日常工作提供健康保障。截至2023年底，共为乡村医生投保团体意外险93268份，投保团体重疾险48669份，总投保价值1179.72万元，理赔114起，理赔金额296.37万元。

赋能乡村医生提升水平。实施龙门梦想计划，支持乡村医生考取乡村全科执业（助理）医师。为鼓励乡村医生报考，龙门梦想计划对通过乡村全科执业（助理）医师考试的乡村医生给予3000元/人次的奖励。截至2023年底，项目已激励983人考取村医执业证书，成效显著。为进一步提升考试通过率，2023年，项目进行迭代升级并在小范围试点，帮助试点项目县的19位乡村医生通过考试，这一考证培训将在全项目县推广，帮助乡村医生向执业（助理）医师转化。截至2023年底，项目累计开展线下培训112场，线下培训村医20832人。2022年，复星基金会与复星医药共同发布《乡村医生口袋书》，并面向10个项目县的村医进行捐赠。项目上线"名医开讲啦"系列公开课，截至2023年底已开展18期，村医观看量约4万。

激励乡村医生有所作为。复星基金会联合中国人口福利基金会开展暖心乡村医生、暖心乡镇卫生院院长及青年榜样的评选活动，通过评选优秀案例，以榜样激励乡村医生有所作为。截至2023年底，已推选5届"暖心乡村医生及暖心乡镇卫生院院长"案例，累计推选出 50 个暖心乡村医生、50 个暖心乡镇卫生院院长和 12 个青年榜样优秀案例。自 2022 年新增入围案例以来，累计推选出 60 个暖心乡村医生、60 个暖心乡镇卫生院院长和 20 个青年榜样入围案例。

救助、管理、促进村民健康

智慧卫生室惠及广大村民。智慧卫生室升级建设工程旨在提升乡村卫生室医疗水平，让帮扶县村民可以实现在家门口就医。截至 2023 年底，智慧卫生室升级建设工程已落地 330 个村卫生室（院），价值 2963.06 万元。

大病救助帮扶千家万户。通过中国大病社会救助平台，为项目县进行大病救助筹款。截至 2023 年底，共收集 333 例大病案例，总募款 1188 余万元，帮助困难家庭渡过难关。为提升基层健康水平，截至 2023 年底，项目已向 32 个县投入慢病签约服务包，发放奖励基金 637.2 万元。当前正值国家巩固拓展脱贫攻坚成果同乡村振兴有效衔接的重要时期，复星基金会也在根据项目县不同的实际情况，因地制宜地设计帮扶方案，通过"一县一策"更有针对性地助力乡村振兴。

■ 助力乡村振兴和共同富裕

消费帮扶助力产业振兴

复星基金会结合复星产业资源，通过农产品采购助力乡村振兴。截至 2023 年底，采购优质农产品总金额超 212 万元。其中典型的案例为联合云南当地知名的咖啡品牌艾哲，推出首款复星基金会乡村振兴特色助农产品——"粒粒皆热爱咖啡"，这一助农行动发挥了双方优势，提升了云南咖啡的原产地价值，助力当地产业振兴。

项目驻点助力人才振兴

乡村医生项目有助于稳定村医人才队伍，使基层人才可以留、留下来、留得住，对保障农村居民的基本医疗和公共卫生需求、促进乡村人才振兴起到积极的作用。截至 2023 年底，累计派驻 371 人次驻县帮扶，队员在工作过程中挖掘联络当地人才，形成驻点人才库，促进当地可持续发展。

项目发展助力文化振兴

2021年,"医路同行·牧场公益音乐会"在新疆吉木乃县举办。音乐节结合草原义诊、捐药,在号召大家关注乡村医生群体的同时,带动当地文化和旅游的发展。

2022年"99公益日"期间,复星基金会携手腾讯首次推出小红花音乐会,为两个项目筹款助力,总计483万人观看,筹得善款约80万元。

2023年"五一"假期,举办丽江简单假日生活节,让近万人共同参与到为乡村医生助力的行动中,也让当地特产及特色文旅被更多人知晓,提高了当地经济效益,促进了当地乡村振兴。

■ 践行社会责任

在危难时刻挺身而出

面对新冠疫情的肆虐,复星基金会联合上海复星医药(集团)股份有限公司、河南真实生物科技有限公司发起"乡村暖冬计划",捐赠阿兹夫定药品等。为更有针对性地指导乡村医生在农村地区开展新冠感染诊疗服务,项目联合上海广慈转化医学研究发展基金会,组织专家在线协助乡村医生开具处方。

企业发展与公益相伴

复星基金会与复宏汉霖、万邦医药等复星集团成员企业合作,邀请医疗专家及医院管理团队,对项目县村医、村民进行公益培训,开展疑难病例会诊、义诊,对医院管理及科室建设进行指导,实地考察村卫生室,慰问困难村医。截至2023年底,累计举办义诊18场。同时,每位复星全球合伙人至少对口帮扶一个项目县,通过实地走访、线上交流等方式,有效衔接集团资源,助力当地乡村振兴。

未来展望

■ 扎根乡村,绘就新时代新发展蓝图

当下正处于国家巩固拓展脱贫攻坚成果同乡村振兴有效衔接的重要时

期，复星基金会将进一步迭代升级乡村医生项目，根据不同县的实际情况，因地制宜深化帮扶内容，提升村医技术能力，守护基层健康，助力"健康中国梦"早日实现。

■ 聚焦基层，探索高质量新战略模式

基于与项目县形成深度稳定连接的现状，项目将把方向转移到高质量发展上来，注重发展的成效与可持续发展价值。

五、北京网易公益基金会

自2017年4月成立起，北京网易公益基金会就确立了"让知识无阶层流动"的愿景，以及"链接人与教育科技资源，成为有温度的公益平台"的组织使命。北京网易公益基金会深耕教育领域，依托网易及网易有道，利用科技、教育资源优势支持教育资源匮乏地区，创新开展了以"一块屏改变命运"为代表的网易教育公益项目，取得了一定的公益效果及影响力。

发展背景

"一块屏改变命运"是网易公司创始人兼首席执行官丁磊先生发起的教育公益项目，网易有道和北京网易公益基金会落实该项目，旨在为教育资源匮乏地区提供优质教育资源。项目目标是"让知识无阶层流动，让中国处处都是学区房"。

秉承"一块屏改变命运"的理念，北京网易公益基金会积极搭建以公益网班项目为核心和以公益训练营、公益线上讲座、国际舞台计划、学子成长追踪计划等项目为配套的教育帮扶体系，促进教育资源公平分配与均衡发展。

创新实践

■ "远程＋现场"，城乡同上一堂课

2018年，丁磊先生发起建立网易公益教育帮扶体系，公益试点班开班。

围绕"一块屏改变命运"的朴素心愿，北京网易公益基金会面向中小学和困境儿童，聚焦不同的目标维度，发起了多类公益项目。

2019年，北京网易公益基金会正式发起初高中平行课堂项目，向欠发达地区学校提供国内名校教学资源，实现城乡孩子同上一堂课。在课程资源方面，北京网易公益基金会通过"远程+现场"双师教学辅导，将西南地区重点中学的优质初高中课程资源，持续引入四川省盐边县、贵州省雷山县和赫章县等地的乡村中学，实现西南地区重点中学与乡村学校学生的在线交流、学习互助，直接受益学生约6200人。网易公益网课班总平均分比普通班高出120~140分，学生单科成绩提高近20分。

2019年，北京网易公益基金会联合中央美术学院、中央音乐学院等艺术院校，发起小学美育项目，研发面向农村及城市落后地区的中小学美术、艺术课程，为山区教师提供在线培训。

2020年，北京网易公益基金会开展了"乡美计划"空中教研社项目，组织北上广专家名师团队持续开展在线培训，培训覆盖了贵州省雷山县等11个县的近百名乡村教师，实现了城乡间的教学经验交流和教学互助，使教师获得教学理念、教学技能的系统提升。

■ **持续升级，智能教育软硬件同步提升**

2020年，"一块屏改变命运"教育公益项目升级为2.0，为捐赠学校带来的不仅有涵盖课堂内外的数字教学资源，还有集合了人工智能、大数据等先进科技的智能教育硬件设备（见图51），同时在软硬件结合的基础上，还捐赠了教育平台产品以保证数字教育资源的顺畅运用，并根据学校的教学需求灵活调整（见图52）。2020年9月，湖南省邵阳市邵阳县塘渡口镇玉田中学、五峰铺镇六里桥中学、白仓镇中学等10所中小学的一万余名学生迎来了新的学习伙伴——有道智云学业大数据智能管理平台、丰富的网易在线教育课程内容、崭新的多媒体大屏和完整的直播设备。

图 51　网易公益"一块屏"教育扶贫项目竹溪县捐赠仪式

图 52　学生们正在上有道小图灵编程课

2021年1月7日,网易公益"一块屏"教育扶贫项目捐赠仪式在重庆市巫山初级中学举行。经过长达7个月的实地调研,北京网易公益基金会为巫山县15所中小学提供了智慧录播教室、有道智能学习终端、有道优课小图灵少儿编程课程等一系列智慧教育资源,使14000余名巫山县义务教育阶段的学子获益。

■ 量身打造，提供立体化智能教育解决方案

2021年4月27日，北京网易公益基金会针对实际教育需求，集合网易集团旗下网易有道、网易公开课、网易云音乐等产品的教育科技力量，为贵州省正安县的11所中小学提供了"硬件＋软件＋平台"的立体化智能教育解决方案。其中，有道智能一体机以正安县的学生为中心，利用人工智能、大数据等技术，打造课前、课中、课后的教学闭环场景，通过对学校日常教学过程中的学业数据进行全方位采集，构建大数据驱动下的教育数据平台，用数据智能促进精准教学和管理部门的科学决策。同时，联通智慧屏、有道云教室等软硬件设备，提供清晰、流畅的远程多媒体教学体验，实现课程资源共享。

2022年起，北京网易公益基金会拓展关注学生生涯规划、校长和教师能力提升，开展了多样化的培训课程（见图53）。例如，联合网易有道开展学生生涯规划和志愿填报课程；联合北京大学继续教育学院开展校长、教师培训，多形式提升学校办学水平和教学质量。

图53　教师培训助力师资能力提升

经过四年的持续投入，网易公益"一块屏"教育资源覆盖了四川、甘肃、云南、贵州等6省份11县市，300余所学校，20余万贫困学生。2023年高考中，网易"一块屏"公益班学子再创优异成绩，4名学生被北京大学录取，多名学生通过国家专项计划考入985、211大学，平均本科率超过70%，一本上线率近50%，超半数学校的"一块屏"网班学生实现本科上线率100%。其中，蔺阳中学本科率达100%，一本率达96%，并有2名学生考入北京大学。

北京网易公益基金会秉承教育普惠的理念，依托"一块屏"项目，面向偏远地区的学生提供教育帮扶，通过搭建以公益网班项目为核心和以公益训练营、公益线上讲座、国际舞台计划、学子成长追踪计划等项目为配套的教育帮扶体系，促进教育资源公平分配与均衡发展。项目不仅有效提升了学生们的学习成绩，而且极大地开阔了学生们的眼界，为学生们的未来发展提供了更多可能性。

未来展望

丁磊先生认为，在公益模式上，利用自有技术和创新，切实解决人们生活的问题，是比单纯的资金支持更重要的事。接下来，北京网易公益基金会将继续整合网易和有道的技术、产品，将软件、硬件、平台能力统一起来，推动"一块屏改变命运"教育公益项目向3.0模式升级，打造"一块屏改变命运"的教育帮扶综合体系，真正深度提高教育的智能化水平，助力学校信息化建设，提升学习效率。同时不断拓展和推动项目，扩大项目的覆盖面和影响力，引入更多社会力量共同参与，为改变中国教育资源分配格局贡献力量。

六、上海来伊份公益基金会

上海来伊份公益基金会（以下简称来公益）成立于2017年10月，聚焦儿童食品健康、新乡村建设与振兴、社区公益服务。来公益通过连接消费者、家庭、学校、社会志愿者、爱心企业、公益合作伙伴和政府等各方力量，推动形成跨地区、跨行业、跨单位的多元主体公益生态圈，以专业态度践行公益，助力个体、行业乃至社会的健康发展。2020年，来公益获评上海市民政局4A社会组织。

发展背景

作为一家以爱为始的企业，来伊份从一家温暖的橙色小店出发，将"爱与幸福"贯穿于企业的发展过程中。2006年，来伊份与上海市慈善基金会合作设立"来伊份助学基金"；2008年，驰援汶川地震并援建四川省通济镇来伊份希望小学；2017年10月，来伊份捐赠1000万元成立上海来伊份公益基金会，由此开启了以专业态度践行公益的新征程。

来公益以"点亮心中的理想"为使命，以"为爱来公益，温暖你我他"为愿景，秉承"人人公益，为爱而行"的理念，围绕三大主轴开展工作：儿童食品健康、乡村振兴、社区公益服务。截至2023年底，对外公益支出超过1600万元，公益足迹覆盖22个省份，受益人数超百万。

管理创新

来公益的理事会成员构成多元且均衡，涵盖文化、教育、传媒等各领域资深专家，不仅为基金会带来了丰富的视角和经验，而且在协调社会资源、促进基金会跨领域发展方面起到了关键作用。

同时，来公益发起"公益一小时"倡议，号召每一位来伊份员工每年拿出一个小时参与公益志愿服务，在传递善意中收获温暖与美好，让一种善激发更多的善，用一份爱链接更多的爱。通过带动员工参与志愿服务，实现员工个人价值和企业社会价值的统一。来公益联合人力行政中心建立考勤保障，为员工志愿者参与志愿服务保驾护航；依托门店与社区的场景优势，链接多样化的公益实践机会；开展急救知识、电脑再生处理等培训，持续为志愿者赋能。

实践创新

■ 童食健康：守护健康未来

童食健康项目是来公益三大品牌项目之一。项目设计之初就确立了"关注儿童食品健康知识普及，守护健康未来"的定位，聚焦4—12岁儿童青少年群体，以其迫切需要但尚且缺乏的食育为切入点，打造儿童喜欢、行之有益、行之有效的公益项目。

自2018年实施以来，项目不断迭代更新。来公益整合专家资源，与17位国家营养师组成的志愿者团队共同自主研发科普课件（见图54）；与中国儿童少年基金会开展战略合作，在国务院食品安全委员会办公室的指导下对图书绘本、益智桌游、儿童话剧、专家视频等项目内容进行全面升级；携手上海市儿童基金会成立"来伊份童食健康"专项基金，持续提升项目专业度。截至2024年5月，童食健康课程背包、科普桌游（见图55）、《你好，零食》绘本已发行24000套，覆盖全国22个省份，服务800余所学校，累计超过66万人次的青少年受益。

图 54　童食健康科普课件与线上讲堂

项目联通线上线下渠道，设计开发微信小程序，并开展线上专家视频直播课程；持续推进入校入课堂入社区公益授课服务（见图56），带动社会化公益志愿服务，提升儿童食品安全教育的社会关注度。2023年，以上海地区为主，共计开展入校授课服务160余场，涉及全市7区，全年服务学校45

图 55 童食健康课程背包、科普桌游

所，覆盖松江区 90% 的公办小学，已开展学校回课率 100%，近万名学龄儿童受益。在现有基础课程之外，项目还打造了二十四节气与食育文化课程，将中华传统文化、民俗与时令饮食知识结合，为儿童带来更丰富多样的健康科普内容，让立德树人的人文关怀厚植食育之中。

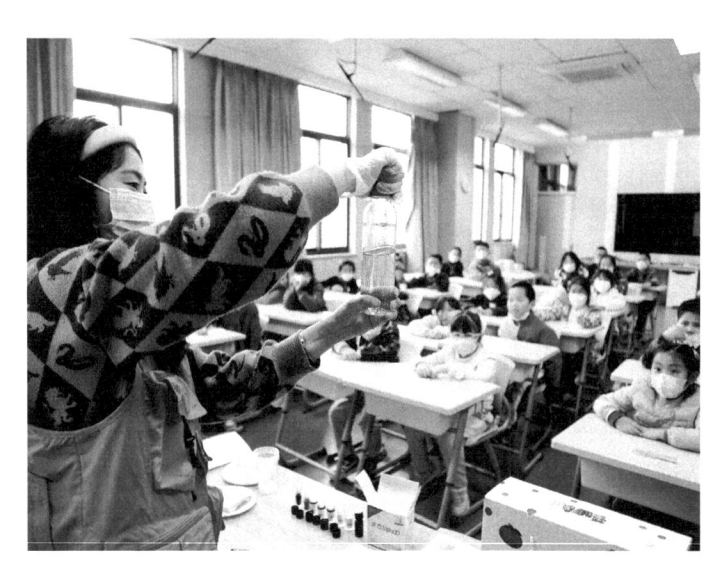

图 56 童食健康课程入校

在实践基础上，来公益也在思考如何依托企业影响力与政策倡导，促进食育的长期发展。2023年与2024年的全国两会期间，全国政协委员、上海来伊份股份有限公司总裁、来公益发起人郁瑞芬连续两年进行提案，呼吁关注儿童食品健康安全议题。在2023年全国政协的4525件提案中，《关于关注童食健康，预防儿童肥胖性早熟蔓延的提案（02197号）》荣获全国政协"年度好提案"。两份提案有效推动了政府及社会各界对食育的重视，扩大了议题的影响力、传播力。来公益也将持续开发系统化课程，推动将儿童食品安全健康工程纳入少儿素质教育课程体系。

■ **幸福加油站：人人公益大平台**

依托于遍布大街小巷的来伊份门店，来公益将门店定义为"幸福加油站"，旨在搭建起家门口3公里的公益生态圈，让门店成为链接便民服务、传播公益文化的中转站。

◆ 便民服务

2019年，来公益积极响应上海市民政局及上海市社会组织管理局的号召，优选门店设立百家公益基地，将门店升级为社区公益活动场所，链接3公里的社区居民、快递员、环卫工人。"爱心伞免费借"便民服务已在上海、江苏的上千家门店持续开展近20年，在人们最需要时送上遮风挡雨的爱心伞，截至2023年底，累计服务超过30万人次。2023年8月，来公益与上海市总工会、上海市职工帮困基金会携手，发起"一瓶水传递爱"公益项目，通过百家公益基地和爱心接力站向全市户外职工送上持续一整个月的清凉关爱，惠及数十万名户外一线劳动者。

◆ 门店公益

来公益秉持"人人公益，为爱而行"的理念，期望建立让更多社区居民积极参与的公益平台。通过在门店创造公益场景，让更多人从了解公益，到轻松参与，再到自发地支持公益，贡献出自己的一份力量。2023年6月，开展"益起绘梦，为爱撑伞"梅雨季限定公益活动，邀请小朋友和家长走进来伊份门店，体验 DIY 手绘雨伞的乐趣（见图 57）。

图 57 "益起绘梦，为爱撑伞"梅雨季限定公益活动

来公益积极投身公益捐赠，2020—2022 年的三年间，为抗疫人员、外卖员、抗洪抢险人员及受灾群众送去最及时的食品补给，物资捐赠累计近千万元。来公益以门店作为捐赠的窗口。例如，2023 年 12 月甘肃临夏发生地震后，来公益与甘肃天水来伊份门店（加盟门店）进行对接，分三批向受灾地区捐助 19 万袋紧急食品救援物资，总价值逾 50 万元（见图 58、图 59）；2024 年 1 月云南昭通发生山体滑坡后，来公益第一时间从距离受灾地区最近的云南昭通吾悦广场店（加盟门店）调拨救援物资，分两批为受灾群众送去最及时的关怀。

◆ 志愿服务

来公益也在积极探索志愿服务的更多可能性。来公益建立了全面系统的志愿者管理体系（见图 60），从招募到培训，从前期准备到后期复盘，持续提升志愿服务质量与志愿者专业能力；同时通过小时数认证、积分制度、年度表彰等措施，形成志愿者有效激励；有机结合大学生、社会志愿者的专业知识、技能特长等，共创多样化的志愿项目，寻求志愿文化的深度链接。

实 践 篇

图 58　来公益驰援甘肃临夏

图 59　来伊份甘肃门店紧急集结救援物资

2023 年，来公益联动 7 所高校和 8 家社会组织，培育了上百名优秀的大学生志愿者，组织 80 余场内外部志愿服务活动。截至 2024 年 5 月，来伊份志愿服务队注册志愿者总数超过 350 人，公益志愿者走进全国 8 个省份 13 个区县，深耕儿童公益，普及中国传统文化知识，提供应急服务，志愿服务时长超过 30000 小时。

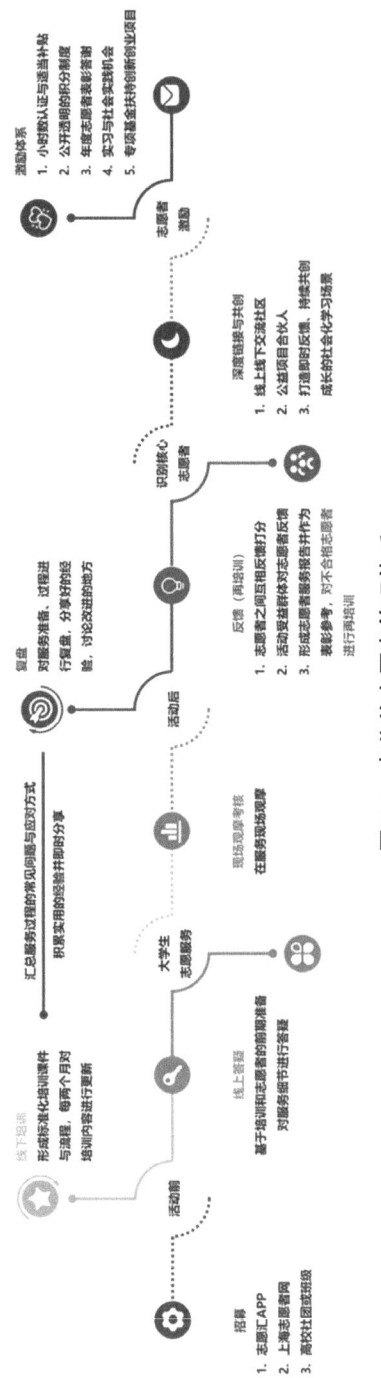

图 60 来公益志愿者管理体系

■ 新乡村振兴：践行授人以渔

近二十年来，来伊份的产业链涉及全国 25 个省份近 230 家供应商，销售农副产品累计超过 350 亿元，其中 14 亿元来自贫困地区，带动数十万贫困人口就业，用产业帮扶的方式帮助困难家庭过上了幸福的生活。在此背景下，来公益新乡村振兴项目更加注重持续提升当地的造血能力，以践行授人以渔为使命，探索"市场所需"与"当地所能"的紧密结合。2018—2019 年，来公益走进新疆、云南的 20 多个区县，共培训 1200 名地方产业带头人，输送超过 14000 分钟的"致富"课程，培养驻地讲师 17 名，间接辐射受益 12000 人（见图 61）。

图 61　来公益助农行动

2020 年，来公益在云南西双版纳成立社会企业，注册商标为"来益普"。从原材料选择到产品设计，从生产加工到包装，从物流到销售，来伊份负责打造产品全链路，来益普公益茶由此诞生（见图 62）。

不是所有的茶都是公益茶。作为公益茶品牌，来益普一方面与西双版纳的建档立卡茶农家庭建立联系，深耕上游，赋能生产者提升茶叶种植标准和产品品质；另一方面开发多样化的产品，如普洱茶、红茶和白茶等，通过线下门店、电商和社群的联结，倡导消费者责任消费，既帮助当地农户实现有尊严、可持续的增收，又满足广大消费者购买茶品时对安全、健康、美学的

图 62　来益普公益茶产品

需求。通过这种模式，来益普不仅探索出了一条乡村产业振兴新路径，还确保每一笔消费都能直接或间接帮助到当地的 16731 户建档立卡家庭，并承诺将 50% 的盈利投入当地公益事业，支持供应链建设、儿童教育等领域。

2023 年，来益普茶品牌入选上海市"百县百品"推荐名录。在上海 41 家来伊份门店打造的上海市消费帮扶工作平台专柜中，专门展示并销售云南的公益茶饼、西双版纳花糯小玉米、雨林蜂蜜等多款来自对口帮扶地区的农副产品，让乡村好物在城市落户，助力新乡村振兴（见图 63）。

图 63　上海市消费帮扶工作平台专柜

与此同时，来公益还通过教育帮扶推动人才振兴、乡村振兴。2022年成立鸿鹄专项基金，定点帮助云南省内因家庭困难而无法上大学的学生完成学业。在当地妇联确认并核准后，专项基金通过实地家访（见图64）、评估等方式，确定最终的资助学生名单，连续四年提供资助直至其大学毕业。资助期间将根据学生在校表现、学习情况进行一年两次审核。截至2023年12月，鸿鹄专项基金已累计资助21位云南困境学子圆梦大学校园。

图64　鸿鹄助学行动家访

社会认可

2020年，来公益获评上海市民政局4A社会组织。2023年，童食健康项目获得第二十届中国慈善榜"年度十大慈善项目"、"恒心至善·2023年度慈善盛典"年度优秀项目奖等荣誉。项目亮相中国慈展会上海展区，获得政府、媒体、行业和社会各界的一致认可。在"2024中国企业志愿服务节"上，来公益被授予"优秀企业志愿服务队伍"荣誉。

未来展望

未来，来公益将持续发挥企业基金会的优势，继续围绕基金会三大品牌项目做好支持和服务。进一步推进落实儿童食品安全健康教育工程，大力推动乡村振兴与公益创业、助农工作，有效链接与整合社会资源进行公益共创、共建。来公益将始终秉持初心，建设与传播公益文化，以小爱汇大爱，携手各界一起为爱而行。

七、北京五八公益基金会

北京五八公益基金会成立于 2018 年，是由 58 同城（集团）注资成立的非公募基金会。成立以来，北京五八公益基金会积极响应党和国家号召，在助残就业、乡村振兴、教育帮扶、灾害响应等多个领域开展公益项目。截至 2023 年底，项目累计覆盖全国 450 多个城市和乡村，受益人数超过 100 万人次。

发展背景

中国残联 2023 年发布的中国残疾人普查报告数据显示，我国残疾人总数超 8500 万人，其中 2500 多万持证的就业年龄段残障人士中，近 64% 尚未实现就业。残疾人作为社会弱势群体，其就业问题一直是社会关注的焦点。保障残疾人的就业权利，是维护残疾人权益的重要内容。残疾人就业不仅关系到残疾人的生存和发展，也关系到社会的公平与和谐。

为了促进残疾人就业，政府和社会各界采取了一系列政策和措施，包括制定相关法律法规、提供就业培训和职业康复服务、鼓励企业吸纳残疾人就业等。这些政策和措施为残疾人就业提供了有力的保障和支持。北京五八公益基金会于 2018 年发起助残就业公益项目——"创翼计划"，在全国范围内开展"互联网+"新业态下的残疾人就业创业新模式，不断探索互联网与助残就业的融合。项目实施以来，持续推出创新实践，持续拓宽残疾人就业领域，提升残疾人就业能力，提高残疾人就业质量。

创新实践

■ **线上招聘专区：拓宽残疾人求职者就业渠道**

充分发挥平台效能，依托58同城招聘平台的流量优势，搭建残疾人招聘专区（见图65）。持续邀请合作企业发布残疾人招聘岗位，不断增加岗位数量，丰富岗位类型，为更广泛的求职群体提供就业选择及就业机会。截至2023年底，残疾人招聘专区已覆盖全国450多个城市，拥有2万多活跃的残疾人用户；投递超过5万份求职简历；专区访问量达150多万；累计发布15.1万条岗位信息，涵盖物流、装修、行政、媒介、市场、家政、通信等240多个行业类别，丰富的职业领域帮助求职者精准匹配岗位。此外，根据求职者的特殊性，58同城线上残疾人招聘专区增设微简历填写、语音面试、视频面试等诸多无障碍功能，为残疾人群体线上求职提供便利。

图65 "创翼计划"PC端残疾人招聘专区

■ **与残联战略合作：因地制宜开展特色化助残服务**

2019年，北京五八公益基金会与中国残联就业服务指导中心就"创翼计划"达成签约（见图66）。经过多次交流沟通，结合各省份残联当前就业培训工作的实际需求，截至2023年12月，已与湖南、四川、广东、宁夏、黑龙江、江苏、北京、天津8个省份就"创翼计划"达成公益合作意向，希望结合"创翼计划"所能和残联所需，有针对性地开展就业培训、特定群体的岗位推荐、线上招聘会等一系列公益助残服务，促进各地的残疾人求职者实现更高质量的就业。

图 66　与中国残联就业服务指导中心就"创翼计划"达成签约

■ 设立专项基金：为求职者、雇主双向赋能

北京五八公益基金会向中国残疾人福利基金会捐款 100 万元，发起创翼基金（见图 67），用于开展残疾人群体和用人单位培训等工作。2020 年，北京五八公益基金会携手当地残疾人福利基金会在湖南、四川分别落地举办盲人按摩、艾灸等职业技能培训，在江苏落地举办残疾人岗前通识培训（见图 68），总共为上千名求职者提供专业技能培训，有效实现残疾人就业。

■ 线上课程开发：持续赋能，实现多维度就业能力提升

为方便残疾人求职者居家学习、提升就业能力，北京五八公益基金会打造了线上学习专区（见图 69），推出线上培训课程，通过北京五八公益基金会官网免费向全国残疾人求职者开放。课程涵盖职业发展规划、求职实用技能、就业准备、政策讲解等多个方面，还推出创新美术设计、短视频运营、新媒体直播、数字云客服等热门职业内容，有近 200 节线上课程，帮助学员在职业发展中认识自我、适应职业要求、建立和谐人际关系。

实　践　篇

图 67　与中国残疾人福利基金会发起创翼基金

图 68　创翼基金江苏省残疾人职业能力培训班

图 69　北京五八公益基金会残疾人就业培训线上专区

■ **残疾人大学生就业专项行动：充分挖掘中高端岗位**

残疾人大学生群体的就业意义深远，北京五八公益基金会在中国残联就业服务指导中心的指导下发起"扬帆行动"——残疾人大学毕业生就业服务专项行动，携手北京、湖南、广东、吉林、江苏残联共同开展残疾人大学生的就业服务工作。通过职业能力测评、培训辅导、企业参访（见图70）、线上和线下招聘会等形式，先后动员300多家企业提供了2000多个岗位，为五个地区的残疾人大学毕业生充分挖掘就业市场中的中高端岗位，有效提升了残疾人大学生群体的就业质量。

图70 残疾人大学生企业实地参访活动

■ **残疾人就业、创业项目资助计划：护航每个职业梦想**

在新业态、新岗位不断涌现的当下，残疾人的就业方式越来越多元。同时，随着社会大众对残疾人认知的提升以及无障碍环境的改善，许多残疾人开始尝试更多可能性，诸如手语主播、算法工程师、网店店主等职业成为残疾人就业的新选择。在此背景下，"创翼计划"发起对残疾人就业、创业项目的资助计划，从资金、项目设计、项目管理等多方面为残疾人就业、创业提供帮助，营造良好的残疾人就业氛围，树立残障朋友的职业信心，使其更加有效地实现就业增收。天津市潮汐公益服务中心"滚动人生——残障就业新模式探索与能力建设项目"是第一个资助项目（见图71），截至2023年底，项目开发40场主题课程，线上赋能培训累计超过800课时，涵盖手工编织、新媒体、平面设计等内容，还包括6场职场残障伙伴分享、1次线下参访活动，累计帮助超过2300人次的残障人士解锁新职业，提升就业信心。

图71 资助计划的首个资助项目"滚动人生——残障就业新模式探索与能力建设项目"

- **就业数据报告：为地方制定就业政策提供参考**

北京五八公益基金会探索开展针对残疾人求职者互联网就业情况的大数据分析，依托残疾人招聘专区就业大数据和深度调研数据，跟踪企业招聘需求和残疾人求职者求职情况，撰写数据报告，总结2020—2021年度广东省残疾人求职者在不同行业、地域的就业情况。结合招聘企业规模、求职者基本情况等维度，从招聘供需两端分析残疾人才就业供需指数、残疾人才就业期望、薪酬结构等，为广东省残疾人就业政策的制定提供参考（见图72）。

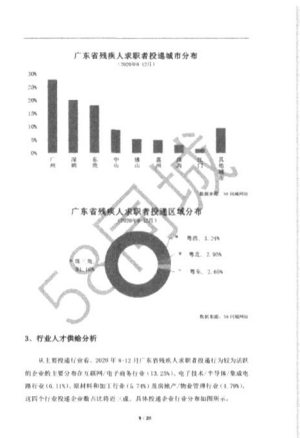

图 72　北京五八公益基金会联合 58 同城招聘、广东省残联发布《广东省残疾人互联网招聘求职分析报告》

■ **残疾人辅助器具捐赠：助力残障群体融入社会**

2023 年，北京五八公益基金会联合北京爱尔公益基金会，在云南省镇雄县人民政府的支持下，开展"爱可以用声音传递"听力关爱项目，向镇雄县捐献了总价值超过 300 万元的高品质助听器，由专业人员现场为听障人士开展验配工作，帮扶困难乡镇中的特殊困难群体更好地融入社会（见图 73）。未来，北京五八公益基金会还将在智能仿生手等辅助器材领域做更多探索。

图 73　云南省镇雄县助听器捐赠仪式

未来展望

就业是最大的民生,是残疾人实现共同富裕的最优方案。北京五八公益基金会助残就业项目"创翼计划"将继续携手各地残联,千方百计改善残疾人就业创业环境,持续加大资源投入力度,更深入地挖掘残疾人多层次、多样化的就业创业需求,为残疾人的梦想添翼。

八、山西省娴院慈善基金会

山西省娴院慈善基金会成立于2018年7月,始终秉承着"为善最乐、助人助己"的价值观,以打造区域性枢纽型基金会为愿景,以构建山西公益好生态为使命,致力于公益慈善研究、助力脱贫攻坚、参与社区治理、促进儿童福利、宣传慈善文化、培育青年成长等多个领域,逐步形成了创建"研究型、传播型、培育型"基金会的发展思路和特色(见图74)。

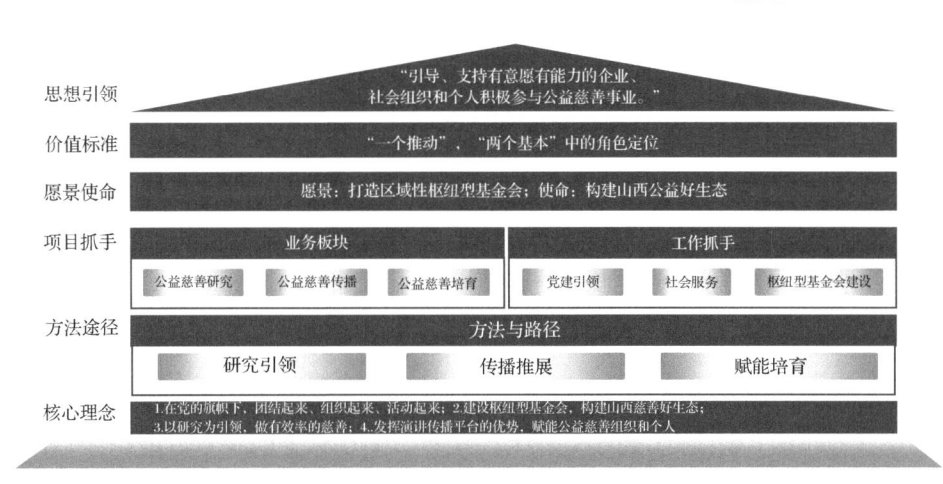

图 74　山西省娴院慈善基金会发展战略

公益慈善研究:同山西省民政厅民政事业发展中心合作,进行民政政策和理论研究；同省内高校合作，建立公益慈善研究中心并给予相应资助；举办公益慈善、社区治理、志愿服务等研讨会；独立组织专项研究和撰写地方慈善事业发展报告；资助北京基业长青社会组织服务中心编译国外案例等。

公益慈善传播：推出富有特色的主打产品《娴院演讲》，以公益慈善组织、慈善人士和需求者的意愿为出发点，搭建资助者与需求者之间的桥梁，为公益慈善从业者分享经验与感受提供交流平台。

公益慈善培育：与所在地公益组织合作，与省内外高校合作，通过资助和开展项目，逐步从源头开始，全链条、持续性地进行公益慈善意识、精神和方法的培育。

发展背景

随着互联网传播优势的不断显现，知识类视频平台逐渐兴盛，人们对知识的渴求愈加高涨，但公益分享的平台却屈指可数。于是，山西省娴院慈善基金会开始思考如何让积极向上的慈善文化真正融入大众。带着传播慈善文化的职能和责任，山西省娴院慈善基金会于 2017 年 8 月正式上线了全国唯一的公益文化演讲栏目——《娴院演讲》。

创新实践

■ 架通供需桥梁，"做有效率的慈善"

《娴院演讲》的核心理念是"找公益人讲公益事"，力图通过演讲平台架通公益慈善组织、公益慈善人士与需求者之间的桥梁，实现慈善家、公益人士与需求者之间的直接有效对接，达到"做有效率的慈善"的目的。同时，为传播慈善理念、文化、知识和方法，《娴院演讲》还打造了高端公益慈善文化讲坛，即约请公益慈善、历史文化、科技教育和社会治理等方面的知名专家、学者做客《娴院演讲》。此外，《娴院演讲》还寻求同与公益慈善有关的会议主办方合作，适时推出参会嘉宾的精彩发言和会议花絮。

基于上述目标，《娴院演讲》现设有三个子项目，即《娴院·演讲》《娴院·闲话》和《娴院·会说》，三个子项目分别以不同的方式、从不同的角度进行公益慈善理念、文化、知识和方法的传播，打造分享公益慈善经验与感受的平台。

■ **借助网络东风，传播公益慈善文化**

《娴院演讲》子项目在录制后，均会根据内容进行剪辑，以每 8 ~ 10 分钟为一个片段，分别在腾讯、爱奇艺、优酷等自媒体在线视频平台和网易云、蜻蜓、荔枝等自媒体音频平台播出。

《娴院演讲》项目建设举措如表 12 所示。

表 12 《娴院演讲》项目建设举措

《娴院演讲》关键点	表现特征	实施举措
具有现代公益项目水平	◇ 展现公益＋媒体的时代性、引领性 ◇ 体现现代公益项目新方向 ◇ 通过公益文化、理念、方法的传播，带动行业创新与变革	◇ 融合公益行业内、知识界代表性嘉宾及优质资源 ◇ 整合全国高等院校专业优质资源；整合传统媒体与新媒体优质资源 ◇ 借鉴国外先进的公益传播经验
满足多样性需求	◇ 满足公益组织、公益从业人员及其他社会学习者的需求	建成三大资源中心 ◇ 知识共享资源中心 ◇ 公益理念资源中心 ◇ 项目策划资源中心
开放共享型公益资源库	◇ 系统、丰富、开放、便捷	建成网络支撑平台 ◇ 实现资源浏览 ◇ 实现资源共享 ◇ 实现资源链接

《娴院演讲》关注的不仅是一座城市的人文精神，还有生活在这座城市里的人的内在精神品质。从最初的演播室内演讲，到逐步走进高校，再到走

出山西，《娴院演讲》从 2018 年到 2023 年底，累计邀请嘉宾 327 位，播放 369 期，横跨公益、教育、心理、社工、环保等 10 余类话题，并借助微信公众号、新浪微博、腾讯视频、喜马拉雅音频等 10 多个新媒体平台进行推送，传播公益慈善文化思想和价值（见图 75、图 76）。

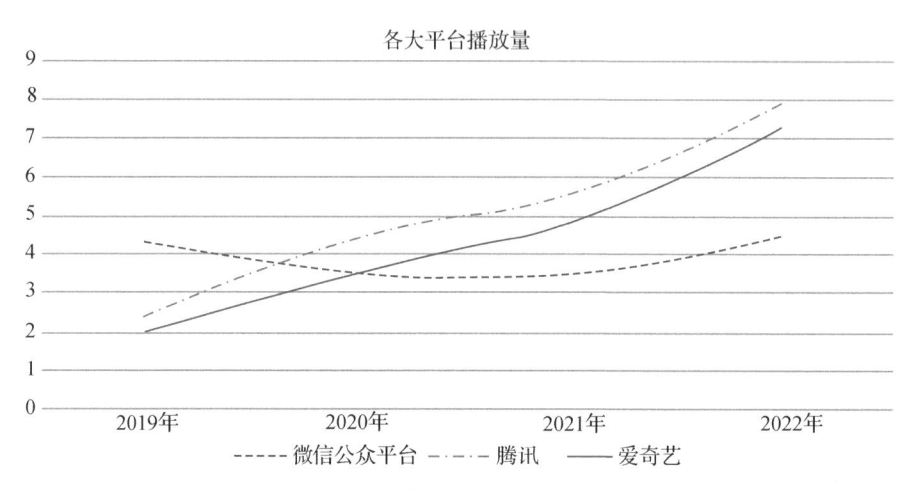

图 75 《娴院演讲》各大平台播放量曲线图

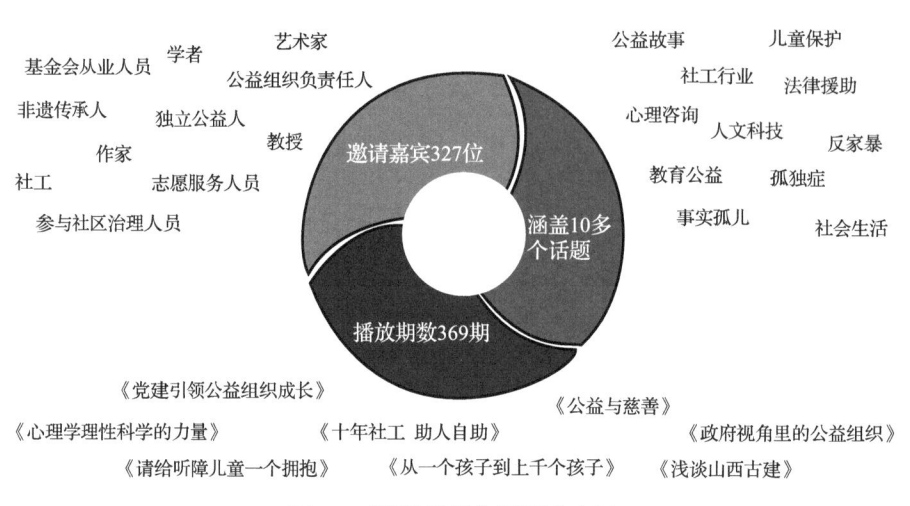

图 76 《娴院演讲》话题分布图

■ 整合优质资源，打造一流公益平台

《娴院演讲》采取边创作边实践边修正的方法，通过"走进来"与"走出去"相结合的模式，蹚出一条独具特色的发展道路。《娴院演讲》以现代媒体的方式做公益，符合时代发展需求，适应行业的发展趋势，提升了慈善效率，增强了自身的公益影响力，逐渐成长为独具特色的公益平台。

◆ 吸引公益组织人员积极参与

演讲嘉宾用最朴实的言语，讲述自己所经历过的真实的公益故事和获得的经验。他们的公益演讲一方面为自己的公益之行做了梳理，另一方面更加坚定了自己深耕公益的信念，从而带领自己的团队一直走下去，使更多人受益。

◆ 链接演讲嘉宾及公益组织资源

山西省娴院慈善基金会通过《娴院演讲》项目，与公益组织，以及帮助公益组织之间建立起广泛深入的合作关系，从而传播优质公益项目，推动行业发展。项目充分发挥演讲嘉宾的影响力，将《娴院演讲》带到西安、成都、大连、重庆等地，受众数万人次，扩大了项目的受益面。

◆ 建立演讲嘉宾公益社群

整合《娴院演讲》嘉宾资源，对公益组织以及公益话题进行区域和领域的归类整理，建立公益演讲社群，以"演讲"为引，在社群内延伸出活动、人物、案例等全面的公益资源，推动公益行业的发展。

◆ 出版《娴院演讲》系列书籍

《娴院演讲》不仅形成了大量的音频资料，同时也以文字形式记录下来。目前正在陆续出版《娴院演讲》系列书籍，并与互联网平台的视频、音频相结合，形成"视频+音频+文字"的全面传播方式，传播公益思想，培育公益精神。

在《娴院演讲》这一品牌项目之外，山西省娴院慈善基金会在公益慈善研究和公益慈善培育方面也进行了可贵的探索，并卓有成就。

例如，在2019年至2023年连续5年开展"娴院公益基金资助山西省民政厅重点调研"项目，为山西省普通高校和科研机构以及山西省民政系统申报并被省民政厅确定的重点调研课题提供资助。截至 2023 年，累计支持课题 40 项，涵盖大学生公益、互联网公益、社区公益、养老等多类主题，产出诸多理论成果，为推动公共管理变革、解决系统性的社会问题做出了贡献。

在中国农业大学设立"娴院博士教育基金"项目，在山西大学实施"娴院助力研究生思政教育事业"项目，设立"山西大学一流学科卓越博士奖学金"，旨在将公益的种子播撒到高学历人才的心中，培养其社会责任感和公益精神，为公益事业培育更多更优秀的后备人才与新生力量。

勇敢尝试山西省内公益慈善组织与省外具有影响力的青年公益组织的创新合作，将成都林荫公益服务中心运作的"林荫未来"青年成才公益训练营引入山西，并给予资金支持。通过"娴院'林荫未来'青年成才公益训练营"的落地，将省外优质的教育资源引入山西省内，助推山西基础教育事业和县域经济社会发展，也验证了优质教育资源强劲的穿透力和特色公益模式强大的可复制性。

未来展望

山西省娴院慈善基金会在探索中发展，在发展中创新，逐渐找到了自身的定位。未来的发展之路，正如理事长乔运鸿所总结的："以公益慈善研究为引领，借助现代媒介技术和手段，传播公益慈善理念、价值与方法，培育公益组织和公益人成长；做有效率、有特色、有温度的慈善，实现慈善路径创新和项目创新；建设区域性枢纽型基金会，构建山西公益好生态；以慈善事业的高质量发展，助力区域经济社会的高质量发展，在实践、探索中，找准定位，砥砺前行。"

九、北京泰康溢彩公益基金会

北京泰康溢彩公益基金会（以下简称泰康溢彩基金会）由泰康保险集团股份有限公司于 2018 年 11 月发起设立。泰康溢彩基金会以"关爱生命、造福民生"为宗旨,聚焦助老、公共卫生、助学、乡村振兴、灾害救助等领域的公益事业,致力于支持大健康相关的公益项目,推动公益慈善事业发展,帮助更多人享有健康快乐的美好生活。

发展背景

泰康保险集团创始人、董事长兼首席执行官,泰康溢彩基金会的发起人、荣誉理事长陈东升在《长寿时代》一书中提出,随着长寿时代来临,中国面临老龄人口规模大、增速快、未富先老的挑战。长寿是人类社会的新常态,养老是每个人终将面对的问题,但是养老服务发展不均衡,养老人才缺口大,亟须推动养老机构的提质升级。泰康保险集团作为一家践行商业向善理念的民生企业,愿意承担更多的责任,贡献更大的力量。

2017年,陈东升董事长宣布启动"溢彩公益计划",提出在全国资助1000家养老机构,用公益力量应对老龄化的挑战,赋能养老机构发展,让更多的老人安享幸福晚年。2018年11月,泰康保险集团发起设立泰康溢彩基金会,更加系统化地助力养老事业和养老产业高质量发展,让中国长者们的人生旅程流光溢彩。

创新实践

■ 三大赋能,推动养老事业高质量发展

泰康溢彩基金会在养老领域持续深耕,实施的项目逐步多元化、系统化,形成了三大赋能——赋能养老机构、赋能养老从业者、赋能社会组织的项目模式。"溢彩千家养老机构资助项目"通过资助适老康复设备、培训养老服务人员、支持信息化建设,多维赋能养老机构发展,提高机构的管理水平与服务能力,从而提升老人的生活质量(见图77)。截至2023年底,该项目累计纳入资助养老机构369家,覆盖全国31个省、自治区、直辖市,惠及老人8万名,捐助适老康复设备超2.5万件,累计培训养老从业人员8.2万人次。

图 77　溢彩空间

"2022年，我有幸和泰康溢彩结缘，参加了溢彩基金会与中国社会报社、民政部社会福利中心共同发起的'溢起守护'养老服务人才赋能行动。我去了成都的泰康之家·蜀园，参与了为期一周的体验式、沉浸式交流学习。在那里，我不仅接触到了全新的养老服务理念，更是与许多养老行业的同路人惺惺相惜、相见恨晚，共学共成长。'溢彩千家'项目也支持了我们马尔康福利院，帮助我们持续赋能。希望我们和溢彩一起，为行业贡献力量，共同守护老年人流光溢彩的晚年生活。"

——四川省阿坝州马尔康福利院院长格西王姆

泰康溢彩基金会关注养老服务人才队伍的成长与发展，建立了管理者、护理骨干、护理员三级培训体系。截至2023年底，通过直接组织或资助合作等方式培训养老从业人员及居家照护人员等2.1万人次，累计培训8.2万人次。依托泰康溢彩公益学习平台，开展养老护理人员培训，注册学员近1300人，总学习时长近12000小时。联合泰康健投引进出版海外认知症领域的专业书籍《我依然在这里：认知症照护的新理念》《逆龄大脑：保持大脑年轻敏锐的新科学》。

溢彩星光社区老人关爱服务项目，旨在推动社会组织成为助老服务的重要力量。2021年到2023年，项目共资助20家社会组织开展了困境老人生活照料、心理关爱、认知症科普筛查、照护者赋能、金融素养提升等服务，累计服务老人近3万人次。建立了基金会提供资助、支持性组织提供专业支持、社会服务机构专注服务的模式，打造了资源共享、伙伴共生、价值共创的良性公益生态。

■ **战略共建，助力大城市创新养老服务**

泰康溢彩基金会与北京市民政局、上海市民政局、广东省民政厅共同探索大城市养老服务发展之路。支持北京市养老护理员大赛，与北京养老行业协会合作编写养老顾问培训教材；通过战略合作，赋能养老机构发展和探索社区居家养老创新模式；培育养老服务行业专业人才队伍；积极参与创新性养老服务公益项目，助力北京养老服务高质量发展。实施"支持上海养老领域服务能力提升"项目，培训老年社工、社区养老设施长等。支持"寻找岭南最美养老人"公益活动，通过树立先进典型，增进社会对养老服务行业的认知，提高养老从业者的职业荣誉感；支持广东省养老护理员职业技能培训与等级评价工作，推动全员持证上岗。

2021年，泰康溢彩基金会、北京师范大学中国公益研究院、北航社区居委会联合发起创建单位社区智慧养联体，探索解决社区居家养老服务"最后一公里"的难题。北航养联体以社区党政为主导，以老年人需求为导向，以信息化管理为平台，链接政府、学校、社区、公益、市场等多方资源，搭建起覆盖衣食住行、医养娱教的一站式为老服务体系（见图78）。截至2023年底，北航养联体累计对接2000余人次，帮助老人链接各类服务资源，提供政策福利咨询，解决辖区内居民居家养老的"急难愁盼"；累计组织开展医疗健康、便民服务、节庆慰问、社交文娱等主题活动150余场，惠及长者近6800人次。北航的叔叔阿姨们说，有困难，就找养联体。北航养联体的模式受到了社会的广泛关注，泰康溢彩基金会在北航养联体试点的基础上继续拓展，在北师大社区、金台路社区、湖南师范大学建设各具特色的养联体，惠及更多老人。

图 78　北航养联体为辖区内居民提供医疗健康等便民服务

■ 多元参与，搭建养老助老公益生态圈

在社会成效上，泰康溢彩基金会一方面推动养老服务高质量发展，提高老人的幸福感，另一方面实现政府、高校、养老机构、社会组织、商业力量的多元参与，推动助老模式创新与公益生态建设。

泰康溢彩基金会致力于搭建开放共享的公益平台，于2022年和2023年连续两年举办溢彩公益节，广泛邀请政府、企业、高校、社会组织、爱心人士等多元力量共同参与，通过主题演讲、圆桌对话、溢彩故事会、志愿风采展示等环节，分享公益成果，共话长寿时代下的公益创新之道，倡导积极老龄观与人人参与的公益文化。

泰康溢彩基金会依托泰康保险集团大健康生态体系的资源，积极动员广大泰康人参与志愿服务，发挥金融保险、医疗健康、护理康复等专业特长，开展助老、助学、健康促进、社区建设等活动。"一根拐杖防跌倒健康宣教""活出健康大脑——脑健康科普""一朵小花——关爱银龄志愿者"等项目深受老人欢迎，营造了敬老、爱老的社会氛围。

未来展望

泰康溢彩基金会相信，公益需要坚持长期主义，做正确的事，时间就是答案。未来将继续发挥在资源链接、创新试验、方法引领、价值倡导方面的优势，用实际行动造福民生，创造社会价值。

十、北京陈江和公益基金会

北京陈江和公益基金会（以下简称基金会）自2018年12月成立以来，一直把通过高质量教育促进人的发展作为工作重点。2019年，为帮助农村儿童摆脱贫困代际传递，获得发展潜能，基金会发起了慧育希望儿童早期发展项目（以下简称慧育希望项目），通过在农村建设儿童早期发展活动中心，聘请当地年轻知识女性为养育师，为儿童提供一对一亲子互动和集体活动课程，为家长提供科学的育儿指导，帮助农村儿童获得早期发展机会，站在和城市儿童一样的起跑线上，助力乡村振兴。

发展背景

党的十八大以来，以习近平同志为核心的党中央高度重视儿童工作，把培养好少年儿童作为一项战略性、基础性工作，坚持儿童优先原则，大力发展儿童事业，我国的儿童事业取得了长足进步。但由于我国的现实国情，在广大农村偏远地区，还普遍存在0—3岁婴幼儿缺乏相应的刺激环境，照养人还没有意识到早期发展教育的重要性，高质量的陪伴等相对欠缺的现象。

鉴于0—3岁是儿童大脑发育的关键期、敏感期，也是包括听觉、视觉、语言和认知等在内的多数能力的最佳发展期，提供相应的环境刺激对促进儿童相关能力的发展会起到事半功倍的效果，基金会发起实施了慧育希望项目，通过在农村偏远地区投入大量的资金、人力和技术等资源，为当地儿童及家长提供免费的课程服务和技术指导。

创新实践

■ **模式清晰，重点明确**

慧育希望项目通过与当地政府部门及公益机构合作，建立儿童早期发展活动中心，招募当地女性为养育师，为照养人提供专业科学的养育指导，并通过一对一亲子游戏、一对一亲子阅读、集体故事会、集体游戏等活动，促进儿童全面发展。

在项目实施的整个链条中，养育师所提供课程服务的质量是决定项目成败的关键因素。因此，为提升中心服务质量，慧育希望项目在加大养育师培训力度、加强督导支持、开展优秀课程巡展等方面全面发力。在养育师培训方面，通过陕西师范大学专业团队的全程指导和过程督导，严把养育师入职培训、进阶培训质量关口，通过授课加实践相结合的方式，确保参训养育师能力得到提升。此外，授课专家还通过为期六个月的线上跟踪督导，及时答疑解惑。由陕西师范大学专业团队进行养育师培训的设计，产出标准课程与教材，面向养育师开展全方位、科学专业的线下实地培训，实现教学练一体化；在此基础上，完善形成标准化的儿童早期发展从业人员培训方案，进行培训模式总结和推广。在督导支持方面，通过月度督导会议，每月对养育师团队开展线上督导，发现养育师面临的工作挑战，提出相关建议，为养育师的工作持续护航。同时，开展学期督导考察，以实地走访方式支持养育师提升工作能力。在优秀课程巡展方面，通过区域内交流、跨区域支持等方式，定期开展团队内优秀课程评选，组织养育师到不同的中心展示优秀课程，起到示范作用，并与其他养育师交流经验，实现相互提升。

■ **试点先行，规模推广**

慧育希望项目是国内专注于农村儿童早期发展领域的公益项目之一，该项目模式主要是与当地政府部门及公益机构合作，以中心为服务半径，辐射周边儿童，培养当地年轻知识女性为养育师，培养建立本地项目管理团队，对儿童及家长持续赋能，提升科学养育的意识和能力（见图79）。通过改变家长的传统养育行为，促进0—3岁婴幼儿健康成长。经过几年的试点运营，形成了可复制、可推广的项目落地模式（见图80）。

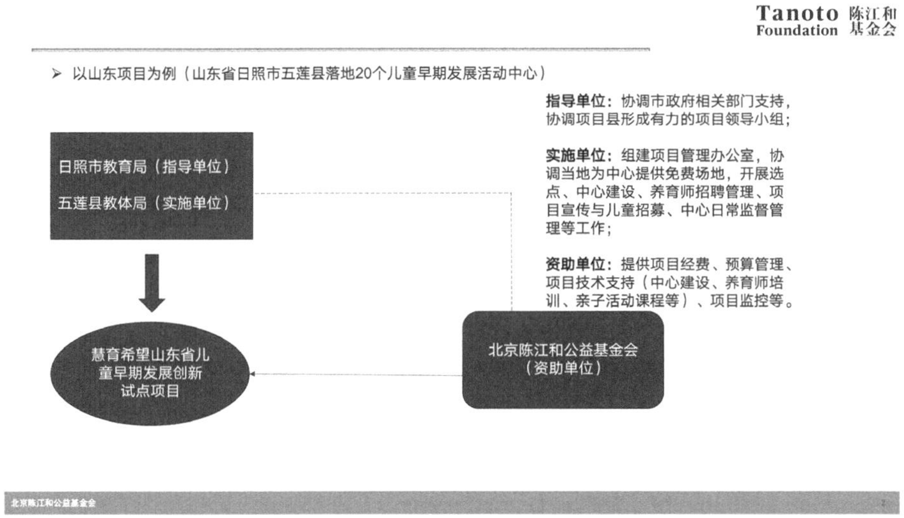

图 79　项目合作模式

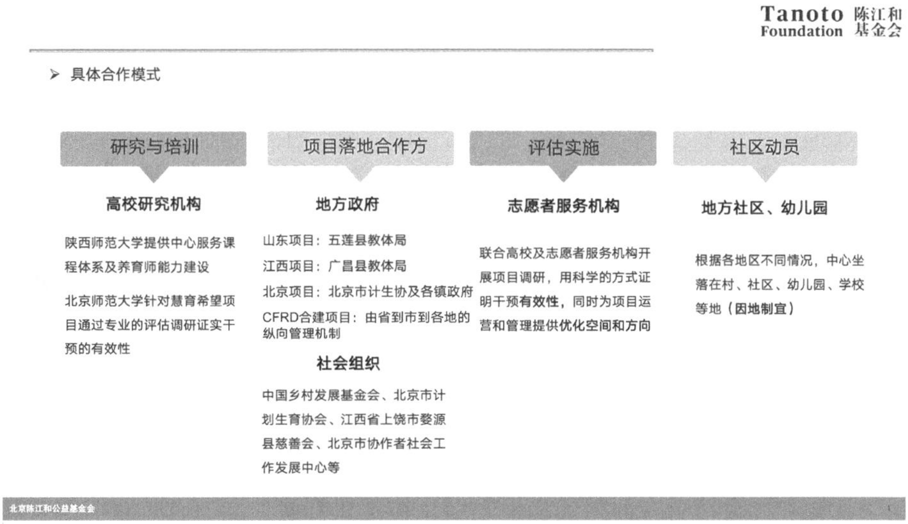

图 80　项目落地模式

为了让更多农村婴幼儿及家长受益,在山东等试点成功经验的基础上,基金会于2022年4月与中国乡村发展基金会达成合作,共同推进慧育希望项目建设,项目进入规模化建设阶段。截至2023年底,慧育希望项目已覆盖6个省市、17个县区,建设运营125个中心,培养了284位养育师,提供了18万节课程,服务6000余个0—3岁的农村儿童及其家庭。

■ 久久为功,成效显著

为了验证慧育希望项目的有效性,基金会邀请第三方——陕西师范大学教育实验经济研究所、北京师范大学中国基础教育质量监测协同创新中心分别对慧育希望项目进行了评估。

评估结果显示,项目促进了当地0—3岁儿童的早期发展。项目干预不仅促进了当地儿童认知、语言、动作、社会情感等各方面发展水平的显著提升,而且在帮助家长尽早发现"特殊"孩子,降低发展滞后对孩子的长远影响方面发挥了有效作用。项目改善了当地0—3岁儿童的养育现状。通过项目干预,儿童照养人的养育知识和技能水平显著提升,儿童照养人开始关注儿童营养状况,儿童家庭学习环境得到改善。项目实施促进了养育师专业能力的发展,养育师教授亲子课程、组织亲子活动以及开展中心日常管理所需要的各项能力都在项目实施中得到锻炼,养育师的工作适应良好,情绪和压力状况都处于正常水平。项目效益将对当地发展产生长远辐射作用。项目干预带给当地0—3岁儿童及其照养人的积极变化会影响孩子一生的发展,而且也将对当地教育及社会发展起到不可估量的促进作用。

山东省五莲县叩官镇中心幼儿园汤志辉园长表示:"以往新生入园是幼儿园老师们最头疼的事,很多孩子出现'入园难',又哭又闹,不肯入园。但是今年的工作感觉轻松了很多。因为很多孩子是从慧育希望中心毕业后直接升入幼儿园的。这部分孩子不仅对幼儿园熟悉,更重要的是在语言、运动、认知和社会情感方面得到良性发展,能更顺畅地入园,也减轻了家长和老师对'入园难'的焦虑。"

慧育希望江西项目赤水中心儿童家长王女士表示："一年来，孩子的变化十分明显，从一开始的脾气暴躁、不善表达，变为现在能与他顺畅地沟通，他也能很好地表达自己的想法。不光小孩子学到了不少东西，家长也受益匪浅，我们懂得了如何科学陪伴孩子。"

■ **行业共建，形成合力**

基金会还积极推动 0—3 岁儿童早期发展的行业交流和资源共享，建立互动机制，加强对话，增强信心，凝聚合力，推动行业共同进步。基金会在诸如儿童早期发展从业者培养、儿童早期发展领域相关知识产品开发和助力平台搭建等方面做了一些工作。

基金会资助陕西师范大学教育实验经济研究所专家团队对儿童早期发展从业人员培养体系进行总结与推广，开发 10 本专业学历教材。例如，形成标准化的儿童早期发展从业人员培训方案；总结可复制推广的人才培养体系；长远目标是将培训体系和培训教材逐步推广至高校、社会组织、基金会等。

此外，基金会还积极推进行业研究和知识产品推广，与中国公益研究院王振耀教授团队合作编纂儿童早期发展领域蓝皮书，探索 0—3 岁儿童早期发展事业，搭建相关公共政策知识对话平台；总结项目模式，梳理实践经验，与中国乡村发展基金会等合作主办乡村儿童发展论坛，推进行业交流，实现资源共享。基金会还投入研发并推行信息管理系统，提高项目运营效率。

慧育希望项目得到了各级政府和公益界的认可以及受益村民的热烈欢迎。2022 年 7 月 18 日，基金会在全国政协重点提案办理会议上做儿童早期发展领域经验交流。2023 年 4 月，因在儿童早期发展领域及在公益行业的突出贡献，慧育希望项目被评为第二十届中国慈善榜年度慈善项目，基金会被授予年度榜样基金会称号。基金会还被北京市侨联授予优秀社会组织称号，并于 2023 年 6 月在中国侨商会组织的"以侨的公益事业助推高质量发展"座谈会上分享公益经验。《人民日报》、新华社、人民网等中央级重要媒体也多次对项目进行相关报道。

未来展望

近些年，国家提出全面推进乡村振兴，其中人才振兴是关键。农村儿童作为乡村振兴未来的主力军，其综合素质在一定程度上会影响乡村振兴的质量和速度。经过基金会几年的努力，科学养育的观念在项目所在地日益深入人心。慧育希望项目帮助农村儿童点亮了他们的未来，为农村儿童早期发展事业做出了有益探索，为当地乡村振兴不断注入人才发展新动能。

未来，慧育希望项目将继续在农村欠发达地区深耕厚植，助力儿童早期高质量发展，为乡村振兴提供源源不断的人力资源和智力支持。

十一、北京星巴克公益基金会

自1999年进入中国以来，星巴克秉承"激发并孕育人文精神——每人、每杯、每个社区"的公司使命，始终致力于发展成为一家与众不同的公司：在传承经典咖啡文化的同时，关爱伙伴，为顾客提供超越期望的体验，并为所在社区的繁荣做出贡献。2024年，星巴克已经在中国内地800多个县级以上城市开设超过7000家门店，拥有60000名星巴克伙伴。这一独特优势也使星巴克能够在每一天，通过每一家门店和每一位伙伴，与顾客和所在社区发生联结，将公司人文向善的好意注入千千万万的社区之中。

2006年起，星巴克陆续在华开展公益资助，并不断将公益行动系统化、战略化。经过多年的资助探索，星巴克将企业整体的价值定位、企业文化和公益支持有机地结合到一起，呈现出相互促进的社会效果和双赢格局，资助领域逐渐聚焦在"社区"层面，尤其注重其中"人"的发展，并关注女性、残障、老龄等群体，力图通过赋能他人，通过合作社等共同体的方式可持续性地在社会问题的前沿点开展行动。在资助过程中，采用共建式资助的模式，参与到项目发展脉络中，并选择出具有胜任力的优秀伙伴，共同行动，持续不断地对项目进行积累和迭代。

发展背景

为了能够持续践行"在中国，为中国"的承诺，2020年7月，星巴克发起成立了北京星巴克公益基金会（以下简称基金会）。基金会以"共建美好社区"为使命，以"用心温暖每个人，用爱联结每个社区"为价值主张，重点聚焦社区公益三大板块，即生机社区、融合社区、韧性社区，致力于通过持续捐赠和发起高质量的公益项目，助力中国社会的进步和发展（见图81）。

图81 基金会战略规划

截至2024年初，基金会对外公益捐赠超过3100万元，发起并资助的品牌公益项目覆盖17个省份，受益人数超5万人。

管理创新

在基金会成立不到一年的时间里，理事会指导秘书处团队进行了基金会的战略定位。基金会对企业高管、行业专家和公益同行等近30人进行深度访谈，分析了大量国内外案例，并召集基金会全体理事以及外部专家进行共创交流。内外部多方的重要建议如下：一是需要对战略中提到的关键词"社区、多元、包容"提供清晰的定义；二是要挖掘星巴克的独特优势来撬动解决真正的社会问题，资助领域做到"非做不可"和"非我莫属"；三是要提升风险意识和构建应对机制；四是战略要落地才是好战略，要敢于试错和在实践中不断迭代。

■ 治理机制有效

基金会的理事由公司高管和公益行业的资深专家构成，在商业、公益、法律等领域拥有丰富的专业经验。理事会成员充分发挥自身专业优势，均能积极参与到基金会治理中，链接企业内外部资源，为基金会项目设计建言献策（见图82、图83）。

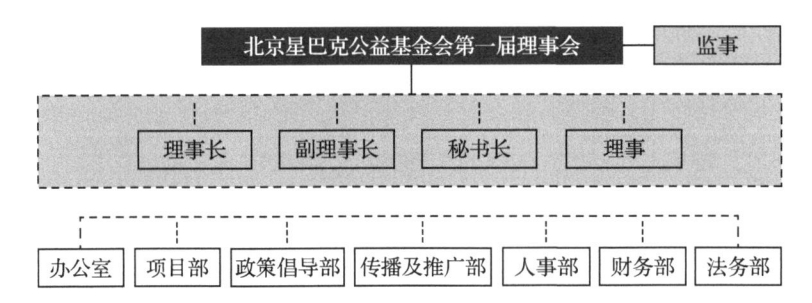

图82 基金会组织架构

图83 理事会成员积极参与基金会治理

同时，基金会结合星巴克"人人公益、快乐公益"的企业文化，机制化地带动员工志愿者和门店参与社区服务，积极利用企业优势资源助力公益事业发展，关注领域包括社区环保、老龄友好、儿童友好、残障友好、动物关爱等。

■ **项目管理高效**

为了更高效地对基金会项目以及项目数据进行管理，基金会基于第三方专业大数据 BI 和分析平台提供商，建立项目管理平台，实现了项目管理自动化（见图84）。从项目发起、项目申请、合作机构尽调、项目审批、项目报告到项目结项等全流程实现线上化，秘书处可通过系统实时获取项目财务数据、项目受益人、项目覆盖地等关键信息的最新进展。此外，基金会合同管理和采购管理等日常行政工作也都可以通过该项目管理平台实现。

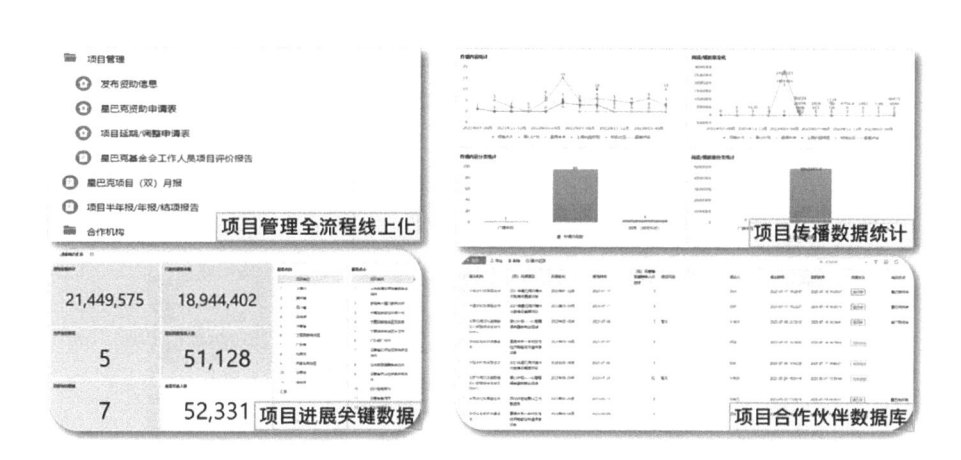

图 84　项目管理平台

项目创新

■ **星绣未来**

非物质文化遗产是中华民族的瑰宝，其保护和传承对于乡村建设和发展有着不可忽视的作用。根据第七次全国人口普查数据，我国约有 2.5 亿乡村女性，她们是乡村振兴的主力军，将非遗传承和促进乡村妇女就业创业相结合，既能助力乡村女性发展，又能助力非遗文化传播与传承。

2022年，基金会向友成企业家扶贫基金会捐赠635万元，发起"星绣未来"乡村女性经济赋能与非遗传承项目，赋能乡村女性和助力非遗传承（见图85）。项目从全国18个省份220多位申请人中遴选出50位优秀的乡村非遗传承女性，覆盖全国7个省份36个县市的32项传统非遗技艺。项目期（2022—2025年）内，通过重点支持50位乡村女性非遗带头人，帮助她们掌握"好能力"，培育"好团队"，设计"好产品"，拓展"好市场"，带动1250位乡村女性通过非遗居家就业创业，让乡村非遗传承女性们实现"带着娃，绣着花，挣着钱，养着家"的美好心愿。

图85 "星绣未来"乡村女性经济赋能与非遗传承项目，赋能乡村女性和助力非遗传承

项目联手中国美术学院、上海大学美术学术学院、上海工艺美术学院、北京服装学院等知名设计院校以及品牌管理和营销专家，为项目帮扶的乡村非遗传承女性提供非遗产品设计、团队运营管理、产品营销推广等培训，并开设网店及跨境电商平台，拓宽销售渠道。同时，在一、二线城市星巴克门店和社区开展非遗公益体验和传播活动，联结乡村非遗和城市居民（见图86）。

此外，基金会还带动星巴克充分发挥企业在设计和品牌上的资源优势。

星巴克于 2021 年 11 月在北京华贸开设了星巴克中国首家非遗概念店——星巴克臻选®北京华贸非遗概念店，于 2022 年 12 月开设了星巴克在上海的首家非遗概念店——星巴克臻选上海慎余里非遗概念店。每家非遗门店都创新融入了乡村非遗传承女性的非遗技艺，为乡村女性和非遗文化提供了更大的舞台并将其推向更广阔的市场（见图 87）。未来星巴克中国也计划在更多城市开设非遗门店，在赋能乡村女性的同时向城市大众传播非遗之美，持续践行星巴克人文向善的价值观和社会责任。

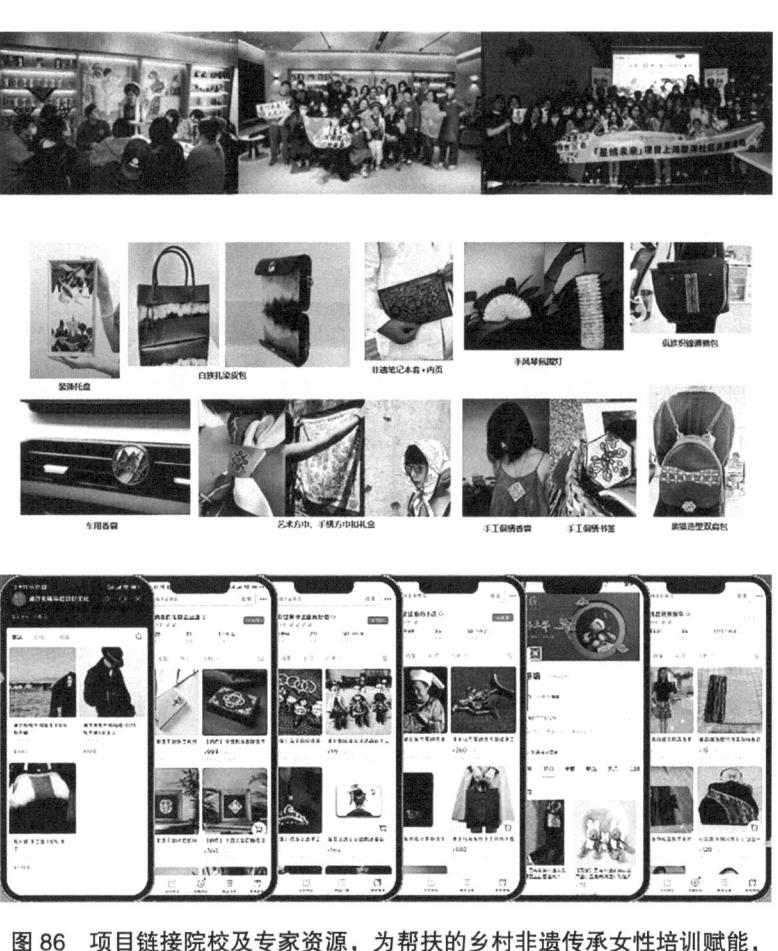

图 86　项目链接院校及专家资源，为帮扶的乡村非遗传承女性培训赋能，并开设网店及跨境电商平台，拓宽销售渠道

图 87　星巴克非遗门店

■ **展心计划**

星巴克作为一家通过咖啡促进人与人建立美好联结的公司，一直致力于创造"多元、平等、融合"的文化。遍布街角的星巴克门店是人们除家庭和工作场所以外的"第三空间"，这里营造了安全、友好，具有归属感的氛围。为了给更多残障人士创造就业机会，进一步推动社会融合，星巴克中国在2019年开设了第一家手语门店。截至2023年底，星巴克中国已经在全国14个城市开设了16家手语门店。中国也是星巴克在全球开设手语门店最多的市场。

同时，星巴克中国开始思考如何利用好企业优势和基金会的资助影响力，为残障群体做更多事情。中国的8500万残障人口中有1200万心智障碍者，他们往往因孤独症、唐氏综合征、智力发育迟缓等种种原因而在沟通和社会互动方面存在不同程度的障碍，是社会最边缘和最困难的群体之一。长期以来，人们只关注和应对心智障碍群体在表达方式、行为反应上的"不同寻常"，而忽略了他们的就业需求。2023年一份"两会"提案中的数据显示，就业年龄段的心智障碍者的就业率不足5%。对于心智障碍者家庭而言，就业能够帮助心智障碍者提高生活能力，掌握独立生活的必备技能，减轻其家庭负担。同时，推动心智障碍群体融合就业有利于推动社会建立更全面的支持体系，让更多人享受到打破障碍后所创造的价值，营造"多元、平等、融合"的社会氛围。

2021年10月，基金会向北京市海淀区融爱融乐心智障碍者家庭支持中心捐赠300万元，发起"展心计划——心智障碍者融合就业促进项目"，在北京、上海等多城，为1500名16岁到25岁的心智障碍青年提供就业支持，帮助 200 名心智障碍青年获得在真实就业场景中实习或就业的机会，并实现更好的稳定就业（见图 88）。项目通过克服阻碍心智障碍者就业的职前教育质量不佳、就业岗位匮乏、职场支持不足三大瓶颈，串联起职业教育端、社会组织端和雇主端，构建涵盖"人力开发—就业指导—供需对接—职场支持"的全链条残疾人就业服务体系，并通过政策倡导和社会倡导，为心智障碍者融合可持续就业奠定基础。

图 88　心智障碍青年小富在星巴克门店体验咖啡师岗位工作

同时，项目团队通过多种传播方式，带动社会各界对融合就业给予关注，扩大议题的影响力。例如，举办就业优先·平等共享《残障融合就业雇主指南》发布会，展示项目成果，链接更多关注融合就业的企业和公益同行；举办"直面不同，融合共生：企业 ESG 框架下的 DEI 体系建设"工作坊，借由媒体平台，联动企业和同行组织、公众号及视频号等媒体渠道，宣传校、企、社融合就业的内容，取得了"破圈"传播倡导的效果。

■ 未来星社区

2023 年 7 月，基金会发布全新旗舰公益项目——未来星社区资助计划。项目联手公益机构恩派公益，将在未来三年内投入不低于 1800 万元，支持扎根社区的公益组织和达人，激发蕴藏在基层的公益能量，点亮社区好意之光。

未来星社区资助计划重点关注老龄友好、残障友好、动物友好、女性友好四大领域，聚焦其中的关键特色议题，联动四叶草堂、融爱融乐、盘古智库、大鱼营造、它基金爱喵专项基金（幸运土猫团队）等各议题领域的优秀公益组织萃取经验模式、梳理操作流程，形成专业化、标准化的社区行动方案，同时向所有关注社区发展的公益组织和达人发出"英雄帖"，除了为他们提供公益资金外，也赋能整套社区行动方案，希望打造能真正解决社区问题、行之有效、可持续的方法，助力构建社区生活共同体。

- ◆ 聚焦老龄友好、残障友好、动物友好、女性友好四大社区议题；
- ◆ 为每个项目提供1万~5万元公益资助，为扎根社区的组织和达人开展公益行动提供基本保障；
- ◆ 联合专业议题组织，共创社区问题行动方案，赋能组织和达人，让公益服务更有效，让社区内生力量得以成长；
- ◆ 设立社区基金，建立长效、可持续的社区机制，长期推进友好社区建设。

社会认可

北京星巴克公益基金会凭借专业的公益资助理念和实践，获得了政府、媒体、行业和社会各界的一致认可。2022年，"展心计划——心智障碍者融合就业促进项目"获评中国慈善榜年度慈善项目。2023年5月，北京星巴克公益基金会获得中国慈善榜"年度慈善榜样"荣誉，公益项目"星绣未来"乡村女性经济赋能与非遗传承项目被评为"年度典范项目"。2023年12月，首次参与北京市年度市级社会组织等级评估，荣获4A级社会组织称号。

未来展望

北京星巴克公益基金会将持续发挥企业基金会的优势，聚焦社区公益三大板块，即生机社区、融合社区、韧性社区，通过持续捐赠，携手多方伙伴发起高质量的公益项目，助力中国社会的发展和进步。

十二、龙湖公益基金会

龙湖集团自 1993 年成立以来，始终恪守企业社会责任，坚持走可持续发展道路，秉承"善待"初心，竭力做到善待环境、善待社会，持续贡献社会价值，积极投身公益事业。2020 年 10 月，为了更专业、更体系化地开展公益项目，龙湖公益基金会正式成立，并以"让许多人生有一瞬间点亮一下，让许多空间有一瞬间美好一下"为使命，不断完善公益项目内部治理，扎实推进项目落地。

龙湖公益基金会依托全生命周期项目矩阵，聚焦不同年龄段人群的实际需求，有针对性地开展了"欣芽计划"困难家庭大病儿童救助项目、"湖光计划"乡村教育帮扶项目、"展翅计划"青年职业发展与高校支持项目、"溪流计划"农村产业帮扶项目、"万年青计划"城镇老旧小区适老化改造项目，以及"一老一小"友好社区建设项目，实现精准且全面的帮扶。

2023 年，在持续聚焦乡村振兴的战略背景下，龙湖公益基金会联合中国光彩事业基金会、重庆市委统战部、重庆市工商联、重庆市光彩事业基金会发起"助力重庆垫江县全面推进乡村振兴"帮扶活动，整合医疗救助、教育提升、产业帮扶和社区营造四大板块的资源与优势，助力重庆垫江县打造乡村振兴全面帮扶示范区。

截至 2023 年底，龙湖集团及创始人、龙湖公益基金会累计捐赠金额超 19 亿元，龙湖公益基金会累计帮扶超过 226 万人，志愿者人数超过 11000 人，累计志愿服务时长超过 45000 小时。

因在公益领域的突出表现，龙湖集团连续两届获得"中华慈善奖"。2023 年，龙湖公益基金会首次参与深圳市市级社会组织评估，荣获最高等级 5A 级，并再度获得中基透明指数 FTI 满分的优异成绩。

成立以来，龙湖公益基金会以专业、高效、透明为基底，在践行高质量发展的公益慈善之路上不断探索、总结规划、迭代升级，沉淀出五大核心价值，具体如下。

践行承诺，以结果为导向

公益不应只是大灾大难时的大额捐赠，更应是细水长流般的持续投入。相较于受助人数、捐赠金额、媒体报道，受助对象真实、可持续的改变，是龙湖公益基金会更为看重的"结果"。

以"欣芽计划"为例，儿童医疗一直是备受社会关注的议题，无论一个孩子出生在农村还是城市，都应该健康快乐地成长，而不应因为家庭经济条件、当地医疗条件等原因，耽误疾病救治，危及生命。项目开始前，龙湖公益基金会与合作方一起回访救助儿童的家庭，到项目合作医院与医生、社工进行深入的交流，详细了解孩子在就医、治疗、康复等多方面的痛点问题，最终在2021年3月发起了"欣芽计划"。

相比社会上普遍的大病救助项目，"欣芽计划"希望在患儿医疗救助的基础上，增加义诊筛查、基层儿科医生培训、患儿人文关怀等环节（见图89、图90）。通过义诊筛查，真正让偏远地区的儿童也有及时就医的机会；通过开展医生培训，提升基层诊疗水平；通过人文关怀活动，降低患儿的就医恐惧。虽然医生培训项目是见效相对慢的环节，但是龙湖公益基金会依然决定进行长期的投入支持，力求系统解决儿童医疗问题，让大病儿童"早发现、早治疗，不出省就能看好病"。

从问题出发，挖掘真实需求及寻找解决路径

在龙湖公益基金会成立之初，理事会就明确了"社会需求第一"的原则，将"受助对象的需求"作为项目选择的首要考虑因素。为此，每个项目立项之前，龙湖公益基金会都会进行严谨、细致的论证。随后，龙湖公益基金会基于行业对标，结合自身战略规划、资源优势、利益相关方参与情况，寻找项目切入点，考虑"差异化、影响力"；在与多方（包括受助对象）共

实 践 篇

图 89 义诊筛查

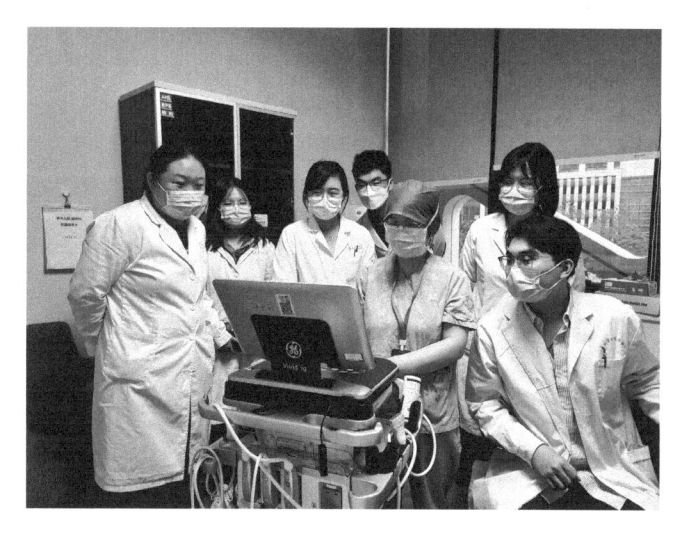

图 90 医生培训

创项目策略后,快速启动试点,并在试点过程中,根据受助对象的变化,不断调整、迭代项目模式,探索标准化、可复制、可持续的路径。

例如,"万年青计划"城镇老旧小区适老化改造项目旨在整合龙湖空间建造及服务优势,通过社区公共空间改造、居家环境适老化改造、养老服务中心改造、社区关爱及志愿服务等措施，有针对性地解决社区环境老旧及功能缺失、居家环境适老化程度低、文化环境老年友好度低等实际问题，为老人提供更安全、更方便、更舒心的居住环境，助力老人生活质量和幸福指数的提升。

在改造前期，龙湖公益基金会调动龙湖专业志愿者，走访上百户老人，了解、挖掘老人们在生活中的真实需求，制定标准化的产品方案。

■ 在公共空间改造方面

聚焦社交活动场地、康体健身场地、静谧休闲场地三大场景，从通用类、功能类和绿化类三大维度，提炼设计出34项人文关爱细节，包括户外插座、置物台、防眩晕照明、适老坐凳、双层扶手、轮椅停放、无障碍坡道、运动器械、标识导视、按摩步道、风雨连廊等各项适老细节（见图91）。各地待改造小区可根据自身公共空间面积大小、地形条件及老人需求等，进行菜单式的选择、组合，实现模块化配置。

图91 适老化改造——室外改造

■ 在室内改造方面

根据《居家适老化改造和老年用品配置清单》的基础改造标准，结合自理老人、介助老人和介护老人三类老人的需求，从无障碍、防跌倒、安全性、便利性四个维度考量，龙湖公益基金会封装设计出 29 项标准化改造产品，如段差消、感应小夜灯、淋浴区防滑地胶垫、折叠助浴椅、马桶助起架、下压式门把手、床边扶手、水龙头改造、低位花洒、燃气表后管更换、异层排水铸铁管更换等。最终通过"一户一表"的方式，让老人根据自己的身体条件、生活习惯等，菜单式勾选想要的服务，形成量身定制的服务包。

同时，每年龙湖公益基金会都会组织志愿者对社区老人进行回访（见图92），了解改造产品的使用情况，并不断优化迭代。

图 92　室内改造——志愿者回访

以受益人为中心

受助对象是自我改变的主体，不是公益项目的被动参与者。"了解受助对象需求"和"评估受助对象的改变"不是"以受益人为中心"的全部，"贴近、理解、尊重、洞察受助对象""邀请受助对象参与方案共创""过程中根据受助对象反馈，不断优化帮扶路径"等也同样重要。

例如，"湖光计划"乡村教育帮扶项目共包括 7 大模块、42 个环节，项目不仅通过一对一访谈、实地调研、成长档案、小组研讨、集体共创等形式，多维度了解每所项目学校的现状、挑战及需求，还选派项目人员及志愿者驻扎项目学校，深度陪伴学校发展（见图 93）。

图 93 "湖光计划"——乡村校长管理赋能培训

以"学校资源引入"模块为例，经过学校发展规划申报、专家入校把脉、优质资源宣讲、多方论证后，由项目学校参与招投标，选择适合自身学校发展的资源。

发挥龙湖的专业优势、资源优势、生态优势

从"对外捐赠"到"躬身入局"，从"公益营销"到"战略慈善"，随着企业对公益的认知不断迭代更新，龙湖公益基金会也在不断寻找企业与公益之间的链接，寻求企业公益行为的持续性。发挥龙湖的优势，不是简单的业务协同、资源转移，而是将资源转换为受助对象的价值。

■ 借助业务布局

龙湖公益基金会卷积业务资源，推动志愿者活动在全航道项目落地，号召更多会员一起参与公益行动，打造了"益市集"、公益捐步季、天街为 TA 计划、社区自然课堂等品牌志愿活动，形成了"志愿服务、行为公益、捐款

捐物"的龙湖志愿活动矩阵（见图94、图95）。2023年，龙湖公益基金会开展志愿活动超1000场，覆盖售楼处、天街、社区、长租公寓等龙湖全航道场景，吸引超10万人次的公众参与公益，在共创、共建、共益中提升影响力。

图94　龙湖天街——湖光山桥美术展

图95　龙湖社区——自然课堂

■ **发挥志愿者的专业能力**

龙湖公益基金会将受助对象的需求与志愿者的专业能力进行匹配，让志愿者在专业服务中获得成就感，专业志愿服务覆盖工程、景观、客户研究、人力、数字科技、社区运营等多个领域（见图96）。

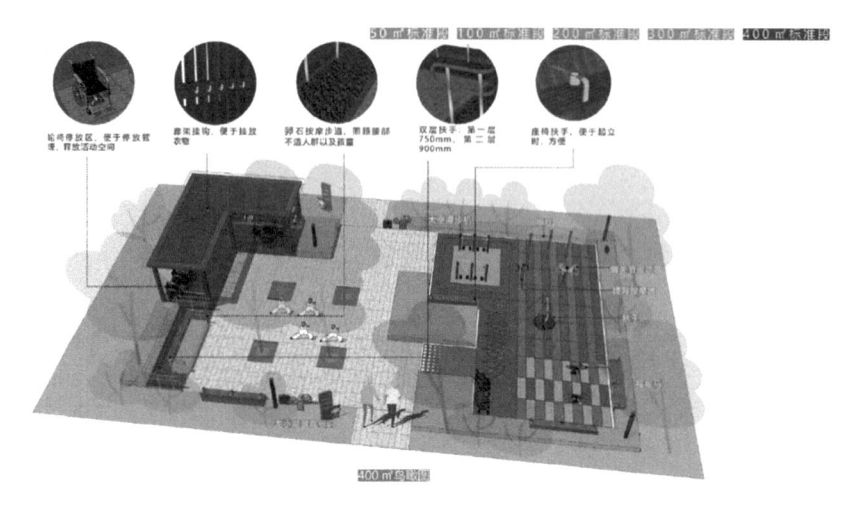

图96 适老化改造志愿者设计的室外场地功能分区图

"万年青计划"发挥龙湖志愿者空间营造及服务能力，打造标准化、可复制的社区公共空间改造产品及居家环境适老化改造产品包，截至2023年12月底，已落地17个城市，103个小区。

数字科技志愿者发挥专业产品研发能力，开发"益起成长"线上志愿者活动工具，为城市、乡村儿童搭建沟通交流桥梁，创新公众参与活动形式，提升志愿者参与感受，打造龙湖特色志愿项目。

■ 汲取理念方法

"湖光计划"管理赋能培训，结合龙湖企业管理及人才培养经验，将OKR、九宫格等方法转化为可实操、有效果、真落地的工具，提升乡村校长及核心班子的管理理念和管理能力。

建立健全龙湖志愿者BSC管理机制，通过公益BSC指标体系，以外部影响力（开展公益活动场次、会员参与人数等）、内部员工参与度（志愿服务参与率、公益活动参与率等）为评价维度，统筹管理各航道志愿者工作，推动龙湖志愿者团队发展壮大。

多方深度卷积，助力行业发展

公共利益、公众参与是公益的核心要素。传播、倡导公益理念，推动公众参与公益行动，是龙湖公益基金会的责任。社会问题的复杂性，决定了任何公益组织都无法单打独斗。作为政社协同的重要枢纽、凝聚社会资源的重要载体，龙湖公益基金会基于需求及目标，整合多方专业、资源、价值和信任，在"一老一小"友好社区共建等项目中进行了开创性的探索，并取得了一定的成果。

■ 行业协作

龙湖公益基金会联合中国公益研究院，开展"一老一小"友好社区项目，围绕安全、健康、文化、自治四个方面，通过开展社区需求调研及建设标准研发、社区空间打造、社区人才赋能、社区服务与文化活动落地等活动，提升社区老年人和儿童的生活质量。随着项目的开展，逐步建立社区主导、专业支持、居民参与的服务机制与氛围，实现社区可持续发展。

在项目落地过程中，"一老一小"友好社区项目形成了一套建设指南，从制度友好、文化友好、环境友好和服务友好四个维度来指导社区建设，下设15个二级指标、75个三级指标（见图97），并进行"必达项"标注，科学、简单、灵活，让社区精准明确需优先实现的基础指标内容，而在"非必达项"中各社区可突出各自的特色。截至2023年12月底，"一老一小"友好社区项目已经在北京、重庆、深圳三个城市落地执行，在11个街道19个社区开展试点。未来龙湖公益基金会计划不断拓展迭代公益项目，支持更多的社区发展成"一老一小"友好社区，推广"一老一小"友好社区建设经验，助力行业发展。

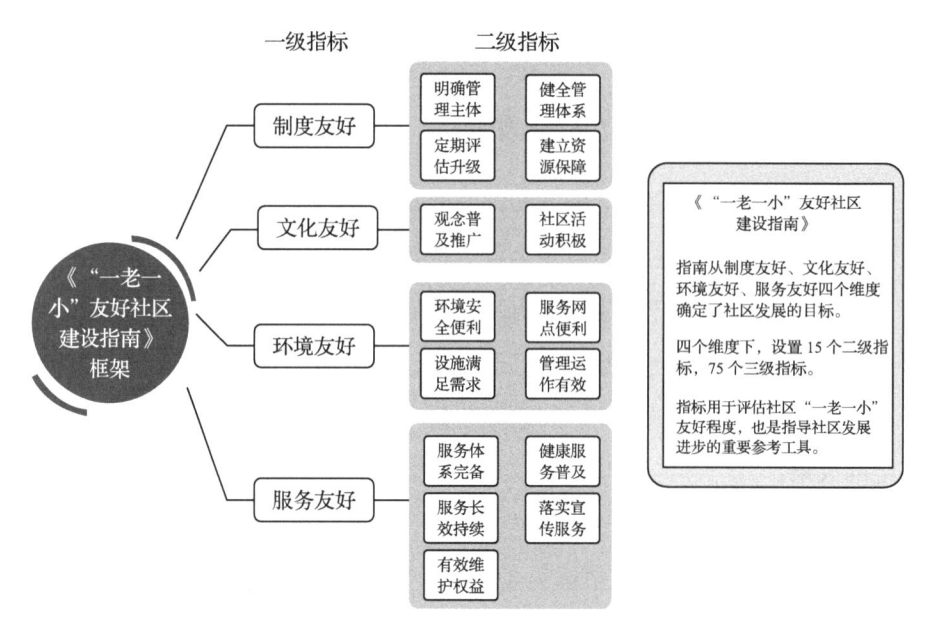

图97 《"一老一小"友好社区建设指南》框架

■ 合作方、受助方志愿者卷积

在项目落地过程中,龙湖公益基金会号召硬件改造供应商担任志愿者,参与到适老化宣讲、公益捐赠、助老关爱等活动中,共促社区发展;同时,龙湖公益基金会还组织"展翅计划"受助学生,建立志愿者团队,发挥其自身特长,在社区开展理发、义演等志愿活动,从而将基金会项目受助对象发展成工作力量,回馈社会(见图98)。

图98 "展翅计划"受助学生作为志愿者参与"一老一小"友好社区活动

■ **社区力量卷积**

在提供社区关爱及志愿服务等软性支持的过程中，龙湖公益基金会会结合当地社区、社会组织发展情况，选择适合当地的良性运转的多方联动机制。如在社工专业度比较高的区域，会筛选、引入优质社工服务；在社会组织、社工资源相对缺乏的区域，龙湖公益基金会将帮助社区培育志愿者团队，形成社区自治模式，为社区志愿文化发展保驾护航（见图99、图100）。

图99 "一老一小"友好社区——儿童议事会

图100 "一老一小"友好社区——老年健康关怀

未来展望

龙湖公益基金会将持续优化项目模式，实现特色化、体系化发展，依托全生命周期项目矩阵，聚焦"一老一小"及乡村振兴，创新打造县域帮扶综合体，整合各项目特色优势，实现精准且全面的帮扶，打造出成熟的公益示范区；同时充分利用龙湖全航道资源，打造便捷、参与度高、有特色的志愿活动，建立榜样志愿者团队，形成龙湖公益生态，赋能社区公益发展，努力成为行业领先的社区公益文化塑造者。

十三、蒙牛公益基金会

蒙牛公益基金会是由蒙牛集团于2022年发起，在内蒙古自治区民政厅注册成立的非公募基金会。蒙牛公益基金会以"守护人类和地球共同健康"为宗旨，聚焦营养赋能、乡村振兴、生态保护和应急救灾四大工作领域，围绕受助群体的福祉提升，从个体身心健康、未来发展机遇和健康生态环境三个维度进行全面的"营养普惠"，汇聚点滴之力，促进公益事业发展。

2022年，蒙牛公益基金会通过政策研究、集团过往公益实践梳理和行业案例对标学习，制定了基金会三年战略规划，并通过行业建设、组织赋能和项目支持等路径，专业化、系统性地开展公益慈善工作。2022年1月至2023年底，蒙牛公益基金会已累计对外捐赠款物超1亿元，在营养公益、教育公益、乡村振兴和生态保护领域设有专项行动计划，积极与公募基金会在专业议题上开展合作，共享品牌公益价值，以项目制的方式更加可持续地开展公益活动。

机构治理

蒙牛公益基金会高度重视治理水平的持续提升，坚信科学高效的机构是优质项目开展的先决必要条件。

在管理层面，蒙牛公益基金会设置三级组织架构。理事会成员由蒙牛高管推选，负责审议基金会战略、目标和风险；秘书处作为基金会管理层，负责制定并管控工作制度与流程；执行层设立合作发展组、项目管理组和综合运营组，纳入蒙牛集团业务相关专业管理人才，共同参与落实基金会战略规划工作。

在制度层面，蒙牛公益基金会梳理完善了公益性捐赠及公益项目开展在财务、法务及项目管理各环节的制度规范，设计了捐赠工具包、执行手册等工具，简化了工作流程，倡导简单公益文化，进一步降低了公益项目的参与门槛，充分调动了蒙牛集团各业务单元支持公益、参与公益的积极性。

教育公益创新实践

蒙牛公益基金会长期关注青少年儿童的健康成长与全面发展，结合蒙牛产业资源优势，逐步探索出了融合爱心捐赠、体教融合、研学实践，多元创新赋能青少年均衡发展的特色公益模式。

■ 营养普惠工程

早在成立企业基金会之前，蒙牛就一直坚持开展营养普惠工程，持续向贫困乡村地区、偏远山区供应牛奶，帮助当地青少年学生改善营养状况，提高身体素质（见图101）。

蒙牛公益基金会成立后，在原项目的基础上进行了规划升级，发布"蒙牛营养普惠工程"三年公益规划（2023—2025）（见图102）。2023年，营养普惠工程牛奶公益捐赠项目在全国21个省、自治区、直辖市的452所学校开展，共捐赠牛奶370.4万包，覆盖58.2万少年儿童。20多年来，项目共惠及全国28个省、自治区、直辖市的2500万名学生。

图101　蒙牛学生奶营养普惠捐赠活动——红原站

图102　蒙牛公益基金会发布"蒙牛营养普惠工程"三年公益规划
（2023—2025），助力下一代健康成长

配合牛奶捐赠活动，蒙牛公益基金会同步开展助学助教项目。2023年，蒙牛公益基金会面向四川体育职业学院50名成绩优异的家庭经济困难学生开展资助行动，为国家培养高水平运动员提供保障。

■ **体教融合强体魄**

2023年，蒙牛公益基金会在蒙牛学生奶的公益支持下，联合中国青少年发展基金会发起"2023希望工程·蒙牛少年足球公益行"夏令营活动（见图103），共同践行"健康第一"的理念，以举办足球夏令营的形式，促进体教融合，从公益的角度发挥体育的独特育人功能，帮助农村青少年在体育锻炼中享受乐趣、增强体质、健全人格、锤炼意志。

图103 "2023希望工程·蒙牛少年足球公益行"夏令营活动

夏令营在全国范围内开展选拔活动，寻找未来之星（球技出色）、非凡之星（航天、教育、科研等各领域杰出贡献人物子女）、要强之星（来自落后地区的孩子、受希望工程帮助的孩子、留守儿童、一线工人子女）、荣耀之星（解放军、消防员、劳动模范等对社会有贡献的人员子女），合计招募入营足球少年400人。夏令营于2023年7月正式开营，全国31个省份的400名少年，分别前往云南昆明和内蒙古呼和浩特参加夏令营活动，接受为期8天的集训。最终遴选出来自15个省份的20名优秀的足球小将，分别前往澳大利亚、新西兰现场观看2023FIFA女足世界杯，参观当地自然人文景观，在沉浸式体验足球带来的快乐的同时，收获丰富的地理文化知识。

夏令营活动结束后，蒙牛公益基金会联合中国青少年发展基金会向全国350所学校捐赠足球3万颗，其中定向对偏远地区乡村学校捐赠1万颗（见

图104），促进中国青少年足球事业的发展，支持国家乡村振兴工作。

图104 蒙牛公益基金会联合中国青少年发展基金会
向偏远地区乡村学校定向捐赠足球1万颗

■ **研学实践促成长**

蒙牛公益基金会积极响应国家发展素质教育和工业文化的政策要求，依托蒙牛企业优质资源，通过更现代化、更具科学性的文化研学模式，将工业文化与教育有机结合，并通过研学基地建设、研学课程及数据化平台开发、研学人才培养等方式，全面布局研学体系，培养中小学生营养健康意识，开展中小学生职业素养启蒙教育，助力中国青少年健康成长。

研学基地建设。2023年，蒙牛公益基金会通过有效链接公益伙伴资源，引入上海真爱梦想公益基金会创新项目模式，在蒙牛学生奶研学团队的支持下，共同探索公益赋能研学的创新模式，开展了"梦想中心"建设。在多方支持下，"蒙牛梦想中心"作为首个坐落于企业内部的"梦想中心"，在蒙牛北京通州工厂正式落成。

"去远方"项目。在产业研学的实践上，以上海真爱梦想公益基金会"去远方"项目为基础，通过线上教师训练营和员工参与志愿活动，不仅服务了更广泛的义务教育阶段学校师生，还结合蒙牛研学五星成长体系，设置了教学任务和研学主题。此外，依托蒙牛工厂、牧场等工业场景，开展了蒙牛"去远方"特色工业研学活动，为黑龙江哈尔滨阿城区9所项目校的18名教师和727名学生提供了从科学技术应用到环境保护等多角度的启发和学习机会（见图105）。在研学的过程中，孩子们不仅可以了解到科学技术在生产实际中的应用，发现农业领域的发展和职业机遇，意识到环境保护和可持续发展的重要性，还深刻地体会到情感成长、尊重自然和友善万物的意义，从而激发了孩子们的创新能力及综合实践能力。

图105 "去远方"项目为孩子们打开视野、启迪思维

未来展望

蒙牛公益基金会将继续探索创新、多元的教育公益模式，助力广大青少年儿童健康成长、全面发展，为国家迈向高质量发展的美好明天注入活力与希望。

后 记

目前，关于企业基金会的研究成果相对较少，在本书的编写过程中，我们深感责任与压力的重大。尽管过程中遇到了很多困难，但在多方的努力协作下，在创新与探索精神的激励下，最终得以成书。我们希望以此为起点，呼吁更多机构、专家和学者积极参与到企业基金会的研究工作中。我们相信，只有通过广泛合作和共同努力，才能为企业基金会的未来发展探索出新的路径。

公益是一项需要社会公众广泛参与的伟大事业，公益路上的每一次前行都离不开社会各界的积极参与和支持。我们会全力将对企业基金会的观察研究工作继续开展下去，为行业发展提供更加准确、更值得信赖的研究基础，也真诚希望更多的机构、组织、个人加入进来，共同为中国企业基金会的繁荣发展贡献自己的力量。

最后，我们要向所有对本书投入关注和给予支持的机构与个人表示诚挚的谢意，特别要感谢基金会中心网在数据方面的大力支持，以及我的两位研究生田晓莹与邹欣雨在文献研究方面的鼎力协助，其中，"国外企业基金会文献综述"章节由田晓莹完成，"国内企业基金会文献综述"章节由邹欣雨完成。同时，也要感谢香江社会救助基金会、万科公益基金会、阿里巴巴公益基金会、上海复星公益基金会、北京网易公益基金会、上海来伊份公益基金会、北京五八公益基金会、山西省娴院慈善基金会、北京泰康溢彩公益基金会、北京陈江和公益基金会、北京星巴克公益基金会、龙湖公益基金会、蒙牛公益基金会的鼎力相助，使我们得以将众多优秀企业基金会的多年发展经验与心得体会总结成文，为行业及行业同仁提供启迪、引发思考。

我们深知本书还存在不尽完善之处，欢迎大家提出宝贵意见和建议，帮助我们不断进步，共同推动中国企业基金会的良性发展，为提升社会福祉贡献更多正能量。愿我们共同努力，让公益之路走得更远、更宽广，让企业基金会的公益之光能够照亮并影响更多的人与事，创造更加和谐美好的未来。